Pour une criminologie interculturelle

Collection ***Sciences criminelles***
dirigée par Robert Cario

La collection ***Sciences criminelles*** se destine à la publication de travaux consacrés à l'analyse complexe du phénomène criminel. Multidisciplinaire par définition, elle a vocation à promouvoir les réflexions critiques portées par les disciplines impliquées, dont l'angle d'approche spécifique enrichit la connaissance globale du crime, tant en ce qui concerne les protagonistes (infracteur, victime, société) que les stratégies d'intervention sociale (prévention, répression, traitement). En France comme à l'étranger.

Les contributions, émanant de chercheurs, de praticiens de la justice ou du travail social, empruntent la forme d'ouvrages de doctrine, de recherches collectives ou d'actes de rencontres scientifiques.

Deux séries complètent la Collection. Le ***Traité de sciences criminelles***, multi-auteurs, présente sous la forme de manuels les principales disciplines qui composent les sciences criminelles : philosophie criminelle, criminologie, politique criminelle, droit criminel, procédure pénale, criminalistique, médecine légale et victimologie.

Les ***Controverses*** rassemblent de courts essais sur des questions majeures de la connaissance scientifique dans le champ criminologique. En pointant leurs contradictions, (re)découvertes et zones d'ombre, les réflexions participent à une meilleure compréhension de la complexité des conduites humaines.

Derniers ouvrages parus

R. Cario, M.H. Herzog-Evans, L.M. Villerbu, La criminologie à l'Université
R. Cario (Dir.), Les rencontres détenus-Victimes : l'humanité retrouvée
F. Rognon, Brice Deymié, Punir, restaurer, guérir
H. Lemaître, La prévention de la délinquance
I. Dréan-Rivette, Des sentences et des peines
E.K. Yao., Le Code pénal ivoirien
F. Jollivet, De la punition à la réconciliation

V. également la collection Criminologie
J. Motte dit Falisse, F. Ludwiczak (Dir.), Du sens de la peine
C. Trotter, Le suivi des usagers involontaires

Guillaume ARANDEL

Pour une criminologie interculturelle

Ethnoprobation

Préface de Philippe Pottier

Postface de Loïck M. Villerbu

L'Harmattan

5-7, rue de l'Ecole-Polytechnique, 75005 Paris

http://www.editions-harmattan.fr

ISBN : 978-2-343-17291-0
EAN : 9782343172910

À Ellyn

Avec l'espoir que cette démarche, son ouverture et sa tolérance seront une évidence pour toi

Remerciements

Je tiens à prendre le temps de remercier les personnes qui ont relu ce livre alors même que ce n'était qu'un projet et qui l'ont considérablement amélioré par leurs remarques. Merci à Vanessa Chevreau, Adeline Christin, Chantal Deltenre, Anne-Elise Jolicard, Cathy Lemoine, Anaïs Le Quellec, Lionel Lecomte, Catherine Mathieu, Gérard Pescheux, Marie-Laure Prigent, Louise Sabarly, Jacques Wahnyamalla.

Merci à Robert Cario pour les remarques, la publication, les projets communs et bien plus encore.

Merci à Philippe Pottier d'avoir accepté d'en écrire la préface et pour les échanges érudits sur l'Océanie.

Merci à L. M. Villerbu pour son analyse de cet écrit évoqué dans sa postface ainsi que tous nos échanges qui ont contribué à définir ma posture professionnelle.

Merci au vieux Wahmu Pierre Pekajo d'avoir accepté la publication de son texte sur les modes de punition en tribu à Lifou et sur la justice restaurative.

Merci à Timothé René pour ses talents de photographe et sa bienveillance envers mon étrange demande d'un shooting photo au cimetière.

Préface

Par Philippe Pottier
Ancien Directeur de l'École Nationale d'Administration Pénitentiaire

J'ai travaillé des années loin de mes origines, en Polynésie française et en Nouvelle-Calédonie. Sauf à être sourd et aveugle, on ne peut qu'y constater la difficulté de donner du sens aux sanctions pénales si on se contente de les considérer, par habitude, paresse intellectuelle ou crainte du vertige, comme chez soi, comme si on n'avait pas parcouru des milliers de kilomètres, traverser des continents, des océans, des mondes, pour arriver là.

Les femmes et hommes ne sont pas humains par nature. Ce qui les distingue d'autres vivants est qu'ils sont des êtres parlants. Pas seulement communiquant, mais parlant, pouvant nommer les choses, les autres vivants, les ancêtres, les pères et les fils, les uns et les autres, ce qui est à l'un et ce qui est dû à l'autre. Parlants ils font société, fixant des frontières, des interdits et des paroles de réparation. Ils créent l'univers symbolique qui s'incarne dans des rites et des tabous. Dans le monde occidental, c'est le droit qui structure, qui est cet univers fictionnel indispensable à la structuration de la société des humains, des humains eux-mêmes. Nous vivons en Occident dans cet univers-là essentiellement depuis l'avènement du droit écrit romain, notre droit français en est un avatar dont Pierre Legendre a savamment décrit les fondements.

Chaque humain l'est devenu par les paroles transmises. Pas d'humain sans cela. Quand ici elles l'inscrivent dans le droit, ailleurs elles le structurent dans d'autres discours. C'est théorisé depuis longtemps. Tous les humains le sont grâce à des interdits. Georges Devereux hier, Tobie Nathan et quelques autres aujourd'hui ont su le prendre en compte pour fonder les bases de l'ethnopsychiatrie, qui n'est pas qu'une école de pensée, mais avant tout une clinique. On a compris que la maladie, ce que nous nommons maladie, ce genre de dérangement du bon ordre des choses, est considérée bien différemment d'un monde à l'autre, au point que les uns peuvent ne pas reconnaître les « maladies » des autres, qui leur sont littéralement inimaginables.

Mais ces autres dérangements, que nous nommons délinquance ou crime, ont très largement échappé à une approche criminologique culturelle à visée clinique. On est pourtant là au cœur du fondement d'une culture puisqu'il s'agit de dire ce qui est possible, ce qui ne l'est pas, ce qui est interdit, ce qu'on doit respecter pour vivre ensemble. Il faut donc penser que, de même qu'on a peu de chance de soigner correctement une personne en ignorant sa culture, on a peu de chance de traiter sa délinquance en l'ignorant aussi.

Les pays qui furent colonisés par des pays occidentaux, comme les territoires d'Outre-mer français, sont gérés par le droit occidental. C'est en partie aménagé pour ce qui est du droit civil, ainsi que du statut civil coutumier de Nouvelle-Calédonie qui en est l'un des cas les plus aboutis, dont le terme « coutumier » dit bien l'approche culturelle et l'exception essentielle, le droit français étant par essence non coutumier. Ça ne l'est pas pour le pénal. C'est critiquable, ou non, c'est dommageable, ou non, quoiqu'on en pense c'est ainsi. Comment faire avec ça ? C'est tout l'intérêt de cet ouvrage de Guillaume Arandel, de partager des interrogations, des pistes de travail, des expériences pour tenter d'y répondre. En s'intéressant principalement au « comment faire », il nous livre une réflexion de praticien, une approche de clinique criminologique, indispensable, de son point de vue et aussi du mien.

C'est il y a quelques années, je suis directeur du service d'insertion et de probation de Polynésie française depuis assez peu de temps. Vient le jugement en assises d'un habitant de l'une des Iles-sous-le-Vent d'où lui et toute sa famille sont originaires. Il est accusé de viol d'une de ses filles. Il est condamné à sept ans de prison, il vient d'en faire presque deux en détention préventive. Quelques jours après sa mère et sa fille demandent à me voir, je les reçois. Elles ont assisté au procès. Ce sont elles qui avaient déposé plainte auprès des gendarmes. Elles me demandent :
- Quand sort-il ?
- Mais vous savez qu'il a été condamné à sept ans...
- Oui nous le savons, mais quand sort-il pour revenir à la maison avec nous ?
- Et bien pas tout de suite...
- Parce que nous retournons chez nous et voudrions l'emmener avec nous.
- Mais ce n'est pas possible, il n'a fait que deux années de prison, il vient d'être condamné à sept ans, pour le moment il doit encore rester en prison !
- Ça sert à quoi ?

En quelques mots, ces deux femmes me disaient leur incompréhension totale, non pas de l'interdit du crime, non pas de la condamnation publique qu'elles avaient voulue, mais du résultat de cette procédure criminelle qui me semblait parfaitement raisonnable et compréhensible. Aujourd'hui leur interrogation ne me laisserait plus sans voix. J'ai appris que le temps n'existe que tel que notre langue le dit, que les notions temporelles du passé et du futur ne contiennent pas les mêmes représentations en français et en reo maohi, qu'on n'y voit pas les mêmes choses, pour ne parler que du temps sans aller plus loin dans ce qui n'est qu'une préface, ce qui nous conduirait à discuter de l'idée de sanction dans le monde polynésien, du crime, du viol... de tout ce qui fait société et culture dans ce monde océanien. Je voulais juste illustrer brièvement combien on peut rapidement se trouver sans voix ou conduit à des interprétations hâtives quand on ne partage pas les mêmes ancêtres. Pour s'en débrouiller, il faut interpréter, ce qui est évidemment impossible si on ne connaît pas intimement la culture de l'autre ou s'il n'y a pas de médiateur. Impossible de se comprendre, de se faire comprendre sans cela. Mais possible si on emprunte ce chemin et combien passionnant alors.

Slavoj Zizek écrit : « l'homme est l'animal dont la vie est gouvernée par des fictions symboliques ». Ce que nous nommons le droit pour nous, ce que nous nommons la coutume pour eux. Au croisement des deux, les réflexions de Guillaume Arandel aident à concevoir une pratique criminologique, qu'il propose de nommer « ethnoprobation », en une référence claire à l'ethnopsychiatrie. C'est une entreprise utile et salutaire.

Avertissement

Je voudrais commencer, au risque que la démarche paraisse quelque peu abrupte, par désamorcer la critique qui verrait dans cet écrit une volonté de réduire l'individu à sa culture. Ce n'est bien évidemment pas l'option de ce livre. Tout individu est unique et travailler avec des hommes qui ont commis des crimes ou des délits c'est accepter le règne du cas par cas, de la casuistique. C'est accepter la différence de chaque situation, toujours unique. Pour autant rien n'interdit, au contraire, de nourrir une analyse criminologique forte de connaissances culturelles et des processus à l'œuvre dans les rencontres interculturelles.

Ce travail est le fruit de projets menés sur des territoires ultra-marins ou étrangers, de rencontres, de lectures et de questionnements. Autant que possible, il s'appuie sur des travaux existants, les sources sont alors citées. Le but sera donc essentiellement de proposer des pistes de travail et de les soumettre à la critique.

Le projet d'écriture trouve sa raison d'être dans l'absence d'ouvrage mêlant les deux dimensions, criminologique et interculturelle.

Enfin, et sans vouloir être polémique à l'égard des débats académiques, l'absence d'études (au sens filière) en criminologie en France est un manque. Une section de criminologie au Conseil national des universités (CNU) qui permette de dépasser les débats de filière qui existent aujourd'hui et réduisent les approches pluridisciplinaires est nécessaire. La réalité n'est pas divisible en discipline, le crime non plus. La criminologie a probablement encore une ou deux marches à gravir pour parfaire sa construction en termes épistémologiques (méthode, objet, notamment), mais aussi et surtout institutionnellement. Il nous faut une filière d'apprentissage qui mêle :

- la géographie humaine pour mieux comprendre l'impact de l'environnement sur les passages à l'acte ;
- la statistique tant pour une connaissance des masses que des analyses criminologiques actuarielles ;
- la sociologie pour l'analyse de l'effet des grands groupes sur les individus et leurs actes délinquants ;
- la psychologie sociale pour évaluer l'impact des petits groupes sur l'individu et son passage à l'acte ;
- la psychologie pour les mécanismes psychiques à l'œuvre ;
- le droit pour réfléchir au cadre le plus adapté à traiter la récidive dans un cadre légal compatible à nos valeurs ;
- la philosophie et l'épistémologie pour accompagner un mouvement de création (ou de finalisation ?) de cette science.

Il pourrait être considéré que ces propos n'ont pas vocation à être développés dans un ouvrage traitant du lien entre criminologie et interculturalité, pour autant, la création d'une discipline au plan universitaire apparaît un préalable indispensable afin que les recherches telles que celle-ci puissent être développées dans un contexte professionnel.

Introduction

La genèse de cette réflexion – qui ne m'a pas encore quittée – est un stage à Argentan, dans l'Orne, il y a 10 ans. Cette ville accueille une communauté importante de gens du voyage. Les fonctionnaires (école, santé, justice, sécurité notamment) ont donc parfois l'occasion de faire leurs métiers en situation d'interculturalité. La première réflexion de ce travail a été déclenchée par un maître de stage qui m'a pris par la main pour me faire visiter... les cimetières de la ville. Et quand on vient travailler en prison et que votre souffle d'air est une visite du cimetière, que faut-il de plus pour être heureux ?

Il m'a donc montré les tombes des patriarches sur lesquelles se dressaient de véritables mausolées en marbre dont le coût doit être de plusieurs dizaines de milliers d'euros. La leçon est claire : si je ne comprends pas que pour ces gens la famille est plus importante que le travail ou la liberté… que la priorisation des valeurs n'est pas la même pour moi qui suis baigné dans la culture occidentale, alors je ne pourrai pas travailler. Je suis un « gadjo » pour les gens du voyage. Ils auraient été en d'autres temps des « barbares » pour moi. Un exercice de « décentrage » est donc nécessaire. Les développements qui suivent ont vocation à nous faire voyager dans des systèmes de valeurs qui ne sont pas les nôtres par divers moyens : la politique, la philosophie, les valeurs culturelles, l'anthropologie juridique, l'ethnopsychiatrie, des témoignages. Cet exercice a le grand avantage, à mes yeux, de faire monter à la conscience nos valeurs fondamentales, tellement fondamentales qu'elles ne se voient pas et ne se questionnent pas. La démarche n'est pas neuve, elle est celle de la philosophie puis de l'ethnologie et de l'anthropologie. Elle est associée ici à la criminologie.

Chapelle / stèle – cimetière de Sainte-Marie de la Mer [1]

Ne possédant pas le temps suffisant pour aller au bout des hypothèses soulevées ici, cet écrit n'a pas vocation à créer de la connaissance. Les éléments présentés sont issus soit d'essais d'auteurs de divers domaines de connaissances, soit d'échanges ou d'expériences propres ou encore d'analyses institutionnelles (notamment du service correctionnel du Canada). Cet ouvrage a vocation à montrer un besoin et un domaine qui pourraient être investis et donner lieu à des recherches ou des projets spécifiques à la rencontre entre la criminologie et l'anthropologie ou la criminologie et l'interculturalité. Le but de ce livre est donc uniquement de signaler un domaine d'études qui pourrait peut-être être pertinent pour les chercheurs et utiles pour les professionnels.

1. Photographie libre de droit réalisée par Timothé René pour cet ouvrage.

« L'Univers de la justice et de la magistrature est également concerné par l'interculturel. Des rapporteurs et des avocats à la cour nationale du droit d'asile témoignent par exemple des innombrables malentendus d'ordre culturel que peuvent rencontrer des juges en auditionnant des demandeurs d'asile dont les manières d'être et de parler semblent a priori invalider la sincérité de leurs propos, dont les mots sont difficilement traduisibles, etc. La question interculturelle se pose également, enjeu souvent mésestimé, dans l'univers carcéral » [1].

Si la lecture de cet écrit suscite de la curiosité et amorce une réflexion, je n'en demande pas plus. Je crois qu'il y a trois manières d'aborder la lecture de ce livre. Soit de la première à la dernière page en passant en revue les trois chapitres que je vous propose comme autant de moyens d'opérer un « décentrage » :
1. par la comparaison des systèmes pénaux en France, au Canada et au Mali (chapitre 1) ;
2. par les références théoriques (chapitre 2) ;
3. par quelques témoignages et propositions d'outils (chapitre 3).

Il me semble aussi possible d'aborder ce livre par le deuxième chapitre, plus théorique, et qui pourrait correspondre à un lecteur plus à l'aise avec l'abstraction même si, ne l'étant pas moi-même, j'ai inclus beaucoup d'exemples vécus ou racontés pour illustrer mon propos.

Il me semble enfin possible de l'aborder directement par le troisième chapitre, commençant ainsi par des témoignages, ce qui en fait une approche plus ludique. Si ces témoignages questionnent ou interpellent, la lecture du deuxième chapitre doit permettre d'aller un peu loin et celle du premier d'apporter un autre point de vue, plus sociétal.

---

1. Michel Sauquet, Martin Vielajus, *L'intelligence interculturelle, 15 thèmes à explorer pour travailler au contact d'autres cultures*, éd. Charles Léopold Meyer, p. 25.

« Si on considère les systèmes d'idées et de valeurs, on peut voir les différents types de sociétés comme représentant autant de choix différents parmi tous les choix possibles » [1].

Louis Dumont

Chapitre 1

Les peuples autochtones et l'État : Canada, France et Mali

Dans ce chapitre, nous examinerons trois systèmes politiques - la France, le Canada et le Mali - aux choix très différents dans leur approche de la relation avec les communautés qui les compose. Nous allons rechercher essentiellement comment ces choix généraux de société se traduisent en matière pénale et au sein des prisons. Ces trois sociétés : Canada, Mali et France mènent des politiques différentes en raison d'Histoires et de Systèmes de valeurs différents.

Cette première partie invite à regarder les politiques qui sont mises en œuvre dans des pays confrontés à des cultures fortes sur leur territoire et la manière dont ils ont répondu au décalage induit. La présentation est donc trop souvent froide, presque administrative car les sources d'informations, notamment sur le Canada, sont des rapports du service correctionnel du Canada. L'exercice sera un peu plus vivant pour le Mali par le témoignage

---

1. Louis Dumont, *Essais sur l'individualisme, une perspective anthropologique sur l'idéologie moderne,* éditions du seuil, coll. Points, Essais, 1983, p. 18.

de Dogons qui nous permet de rapidement saisir les différences de conceptions. Un travail plus rigoureux aurait été de comparer les mêmes choses d'un pays à l'autre, avec une même méthode. Ce qui importe ici est surtout de se donner des occasions de se décentrer de notre point de vue occidental pour y revenir avec plus de force. Ces exemples m'ont aidé à cela, je les présente en l'état.

Section 1. Canada : communautarisme et discrimination positive

« *La recherche criminologique relative aux Autochtones est solidement ancrée au Canada, en particulier dans les provinces de l'Ouest. Cet ancrage s'explique par la plus forte concentration démographique des Autochtones, mais également par leur surreprésentation alarmante dans les prisons et pénitenciers. On doit rappeler que cette population représente 18 % des admissions dans les établissements fédéraux et que certains établissements de détention provinciale du Manitoba et de la Saskatchewan comptent plus de trois quarts de détenus d'origine autochtone (alors que les Autochtones ne représentent que 4 % de la population canadienne)* » [1].

L'article 35 de la Loi constitutionnelle sur la réconciliation reconnaît que des liens spécifiques entre les communautés des « premiers habitants, Inuits et métis » [2] et la Couronne doivent exister. L'État reconnaît, en quelque sorte que, pour son développement il a commis des crimes à l'égard de certaines populations qu'il convient de réparer. La discrimination positive à l'égard de ces communautés devient donc possible et même encouragée.

---

1. Mylène Jaccoud, Revue *criminologie*, Volume 42, Numéro 2, automne-hiver, 2009, pp. 3–8
2. Terminologie du service correctionnel canadien.

À l'occasion du recensement de 2001, plus de 1,4 million de personnes se sont identifiées comme étant autochtones au Canada : Abenaquis, Ahousaht, Algonquins, Assiniboines, Attikameks, Inuits de l'île de Baffin, Beothuk, Confédération des Pieds noirs, Cayugas, Salish de la cote centrale, Cris, Dakotas, Dakelh, Dane-zaa, Dénés, Dénésulines, Ditidhat, Ehattesaht, Gitxsans, Gwich'in, Haidas, Haisla, Haudenosaunee (Iroquois), Heiltsuks, Hesquiahts, Hupacasath, Huu-ay-aht, Hurons-Wendat, Inuits Iglulik, Inuits, notamment.

Contrairement à la France, le Canada tient des statistiques ethniques depuis 1897. Le recensement comporte en effet une question sur l'« origine ethnique » même si de plus en plus de Canadiens refusent d'y répondre pour protester contre la démarche. Depuis, l'État fédéral a modifié la question, tentant de dénombrer, selon des critères subjectifs, les « minorités visibles », à partir de la notion de « groupe de population », introduite dans le recensement en 1996. Donc contrairement à la France, traumatisée par la Seconde Guerre mondiale, le Canada se dote d'un outil statistique pour organiser une politique en faveur des communautés autochtones. Cette démarche se retrouve dans les politiques pénales et pénitentiaires.

Quid de la prison et du système correctionnel ?

Graphique du service correctionnel du Canada [1] *montrant l'augmentation du nombre de personnes détenues autochtones dans les prisons canadiennes. Le phénomène est suffisamment important pour qu'il justifie actuellement une politique propre de réduction et de discrimination positive en matière pénale sur ce public.*

1. Extrait du site internet du service correctionnel du Canada : http://www.csc-scc.gc.ca/recherche/r36e-fra.shtml.

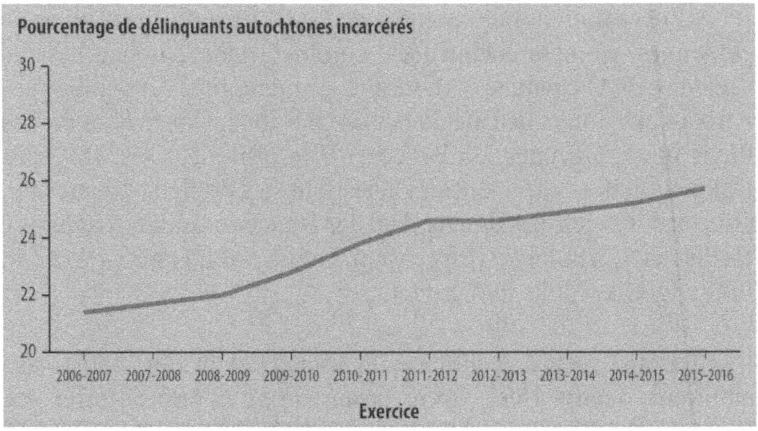

Le service correctionnel du Canada (SCC) est tenu par la *Loi sur le système correctionnel et la mise en liberté sous condition* de mettre en œuvre des politiques et des programmes correctionnels adaptés aux besoins particuliers des délinquants autochtones [1]. Ces programmes sont construits le plus souvent à partir des valeurs et croyances des personnes. Les détenus qui s'identifient comme autochtones (membres des Premières Nations, Métis et Inuits) diffèrent de la population carcérale générale à plusieurs égards [2].

Le graphique ci-dessous montre, par exemple, que les personnes « autochtones » obtiennent davantage de libérations conditionnelles, cette incitation étant prévue par la loi.

1. Les articles 81 et 84 de la loi sur le système correctionnel et la mise en liberté sous condition incluent des dispositions explicites pour encourager la participation des collectivités autochtones au processus correctionnel.

2. http://www.oag-bvg.gc.ca/internet/Francais/parl_oag_201611_03_f_41832.html.

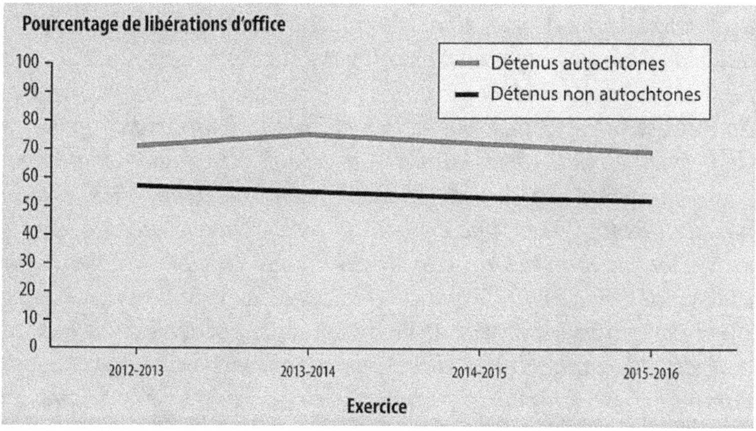

Le premier enseignement de ces statistiques canadiennes est donc de constater une surreprésentation des « Premiers Habitants, Inuits et Métis » dans les prisons canadiennes. Le second est de voir qu'une politique spécifique leur est consacrée facilitant l'accès à des aménagements de leurs peines et notamment des libérations conditionnelles.

Se trouve ainsi sur le site internet du service correctionnel du Canada le paragraphe suivant en chapeau de la page concernant le travail avec les « autochtones » : *« Le Service correctionnel du Canada (SCC) reconnaît que les délinquants autochtones sont surreprésentés à tous les niveaux du système de justice pénale canadien. Bien que les Autochtones représentent environ 4 % de la population adulte du Canada, presque 23 % des délinquants qui purgent une peine de ressort fédéral sont d'origine autochtone* [1].

Ce constat, issu des recensements et des études scientifiques financées par le SCC, a donné lieu à la mise en œuvre d'une politique spécifique pour ce public. Avant de présenter les grandes lignes de cette politique, il est intéressant de s'arrêter sur l'analyse du SCC de ces chiffres : *« Une diminution de l'interdépendance dans les collectivités autochtones s'est produite par suite de processus historiques (qui ont reproduit la structure sociale majoritaire sans s'accompagner du développement des*

1. http://www.csc-scc.gc.ca/publications/005007-3001-fra.shtml.

institutions) ainsi que d'un bouleversement culturel et de la détérioration des mécanismes officieux de contrôle social. Il en a résulté des collectivités stratifiées socialement où les ressources limitées et la répartition de celles-ci créent d'importants groupes de personnes défavorisées, une sous-culture de jeunes de plus en plus importante auxquels s'offrent peu de débouchés ou de possibilités légitimes, une exposition hors contexte aux médias de masse et un manque de ressources culturelles et sociales pour aider à déterminer la formation à la base des valeurs prosociales. Il est cependant trompeur et incorrect de supposer que toutes les collectivités autochtones du Canada sont exposées aux mêmes contingences et limites par suite de ces processus historiques et contemporains. De toute évidence, tel n'est pas le cas, et une hypothèse de ce genre empêche de consacrer aux personnes et aux collectivités qui en ont le plus besoin toute l'attention voulue. Le degré et l'incidence du changement ont été atténués par les modes d'établissement, l'emplacement géographique, les facteurs culturels et l'expérience communautaire individuelle de sorte qu'il y a un écart en ce qui concerne l'effet de ces influences sur les collectivités. Les collectivités les plus touchées se trouvent dans les provinces des Prairies qui affichent également le taux d'incarcération des autochtones le plus élevé ».

Le service correctionnel du Canada rend publique, sur son site internet, une analyse criminologique multifactorielle et fonction des territoires évoqués. Il poursuit cette analyse par les propos ci-dessous qui mêlent des explications sociologiques, économiques, géographiques et psychologiques. « *Trois facteurs risquent plus de provoquer un problème de criminalité. Le premier est le groupe important de personnes marginales et non intégrées dans la collectivité en raison de la répartition inégale des ressources ; le deuxième est que les réserves ne sont généralement pas intégrées à la société canadienne majoritaire (en raison des pratiques historiques de l'exclusion et du statut de deuxième classe conféré aux autochtones) et l'aliénation qui en résulte est plus importante dans les collectivités qui ont le moins de liens avec la société majoritaire ; et le troisième est que l'exposition à la vie familiale dysfonctionnelle et l'abus pendant l'enfance (en plus des autres facteurs propices au comportement criminel) ont des effets profondément négatifs sur le développement individuel. Les groupes les plus marginaux des collectivités sont les plus touchés par ces facteurs. Lorsque ces groupes quittent les réserves, ils ont peu d'outils pour survivre ou pour obtenir un statut dans la société majoritaire ou s'y intégrer. Dans le milieu urbain, le manque d'instruction et de compétences professionnelles, assorties de problèmes d'abus d'intoxicants et d'antécédents de violence et de dysfonctionnement familiaux, mènent à des associations négatives avec les pairs et à l'adoption d'attitudes antisociales et procriminelles. Les personnes marginales qui quittent les réserves pour vivre en milieu urbain causent un problème de plus en plus épineux »* [1].

Le Canada fait donc le constat de la surreprésentation des autochtones en détention et choisit de mener une politique de discrimination positive pour le limiter. Au-delà du champ pénal, 10 principes sont posés par le Gouvernement pour ce qui est de la relation avec les peuples autochtones [2]. Pour ce qui est du service correctionnel, un plan stratégique relatif aux services correctionnels pour autochtones est défini. En 1996 la commission royale sur les peuples autochtones estimait que la justice n'avait « pas su répondre aux besoins des peuples autochtones ».

Le contexte des autochtones canadiens et la philosophie politique communautariste du pays conduit à avoir créé des réserves. En 1999, la Cour suprême du Canada décide dans un arrêt (R. c/. Gladue) que l'obligation faite aux juges qui statuent sur une affaire impliquant une personne « autochtone » de tenir compte des sanctions substitutives applicables est valable en dehors des réserves. Cette même décision reconnaît que les coutumes autochtones à l'égard de la justice et de la réconciliation ainsi que l'interrelation entre les particuliers, les familles et les collectivités (en milieu urbain, rural ou dans les réserves) ont leur place dans le système pénal.

---

1. https://www.securitepublique.gc.ca/cnt/rsrcs/pblctns/xmnng-brgnl-crrctns/index-fr.aspx.
2. https://www.justice.gc.ca/fra/sjc-csj/principes-principles.html.

La directive du commissaire 702 de 1995 donne pour objectif à l'ensemble des personnels de « répondre aux besoins particuliers des délinquants autochtones en leur offrant des interventions efficaces, au moyen d'un continuum de soins ».

Un plan stratégique relatif aux services correctionnels pour autochtones est alors adopté puis reconduit permettant à mesure des années de renforcer la connaissance des causes de la délinquance de ces populations. Il renforce également l'attention portée aux facteurs de protection et les actions à mener permettant d'agir sur ces différents facteurs. Le plan stratégique comprend aujourd'hui 3 objectifs principaux :

1. des interventions adaptées à la culture qui tiennent compte des besoins criminogènes particuliers des délinquantes et délinquants des Premières Nations, Métis et Inuits ;

2. accroître la collaboration (avec les services de sécurité publique, les services gouvernementaux administratifs et les organismes autochtones notamment) ;

3. éliminer les obstacles systémiques à l'interne et enrichir la compétence culturelle du service correctionnel du Canada. L'un des axes de cet objectif est d'améliorer le recrutement, le perfectionnement et le maintien en poste des employés autochtones à tous les échelons de l'organisation.

Des pavillons de ressourcement du service correctionnel du Canada seront même construits. Gérés par des personnels « autochtones », choisis notamment en fonction de leurs parcours de vie et personnalités susceptibles de faire un modèle positif pour la personne détenue, ils accueillent des personnes détenues autochtones. Ils peuvent aussi accueillir des personnes non autochtones, mais partageant les valeurs de ces communautés. Selon le site du service correctionnel du Canada, *« les pavillons de ressourcement pour détenus autochtones sont des établissements correctionnels (niveau de sécurité minimal et moyen) où les services et les programmes sont conçus en harmonie avec les valeurs, les traditions et les croyances autochtones, notamment les principes de justice et de réconciliation tels que conçus par les autochtones »*.

Centre de Okimaw Ohci [1]

Ces quelques images permettent d'apercevoir des architectures qui font davantage penser à des écoles ou des MJC qu'à des établissements pénitentiaires. Elle est le signe d'une

1. Images extraites de la page *Flickr* du site internet du service correctionnel du Canada : https://www.flickr.com/photos/scc_images/.

orientation de la politique dès la conception des plans se voulant autant que possible respectueux des modes de vie des populations. Mais le plus intéressant est probablement la dimension humaine caractérisée par le recrutement de professionnels, direction comprise, de la communauté à qui est destiné le lieu ainsi que dans la mise en œuvre de programmes criminologiques dédiés.

« Qu'ils fassent partie d'un pavillon de ressourcement ou d'un programme intégré à un établissement carcéral, les intervenants responsables de ces programmes prennent part aux rituels, aux cérémonies spirituelles et aux traditions comme les cercles de guérison, les jeûnes et les tentes à sudation. Pour la poursuite du rituel et du processus de guérison, les pavillons de ressourcement font intervenir des Aînés qui se trouvent alors au centre du processus de guérison. Ces activités permettent aux participants de transformer leur comportement par l'acquisition d'habiletés pour gérer leur tempérament et leurs dépendances en entrant en relation les uns avec les autres dans différentes activités intégrant les rituels traditionnels. Ces rituels comprennent des chants et des danses traditionnels dont les fonctions sont associées à la culture autochtone. Ces activités ont pour objectif de permettre aux Autochtones de participer au développement de leur communauté, de réintégrer le marché du travail et de prendre une part active au développement de leur culture (...).

L'intégration du patrimoine culturel immatériel [1] *amérindien dans les programmes destinés aux autochtones dans les pénitenciers agit de manière appréciable, mais les conditions dans lesquelles est utilisé le patrimoine culturel*

1. Le terme « patrimoine culturel immatériel », utilisé par l'Unesco, désigne les pratiques artistiques liées aux arts vivants et les pratiques culturelles collectives telles que les rituels et les arts.

immatériel ont une influence marquante sur le succès de l'opération » [1].

Pour donner un exemple d'une pratique culturelle amérindienne importée en prison au Canada et particulièrement dans les centres de ressourcement, l'administration pénitentiaire fait venir des « aînés » (des représentants de la communauté autochtone) et leur permet d'organiser des rituels de « tente à sudation ». Il s'agit d'une tente chauffée, un peu comme un hammam, au sein de laquelle se tient un rituel où la parole se libère.

« Le rituel de la tente à sudation, régulièrement exécuté par les Aînés qui travaillent dans les établissements carcéraux au Canada, remplit des fonctions spirituelles qui recoupent, dans un tel contexte, une fonction thérapeutique. Parmi les différentes étapes de ce rituel, le moment de partage dans l'espace restreint, privé et clos de la tente constitue un moment privilégié car les participants peuvent partager leurs problèmes personnels » [2].

1. Éric L. Létourneau, Revue *Criminologie*, Volume 42, Numéro 2, *Régulations socio-pénales et peuples autochtones,* automne, hiver, 2009, pp. 153–172.
2. Éric L. Létourneau, Revue *Criminologie*, Volume 42, Numéro 2, *Régulations socio-pénales et peuples autochtones,* automne, hiver, 2009, pp. 153–172.

Intérieur d'une tente de sudation située sur le domaine d'un centre de ressourcement géré par le service correctionnel du Canada [1]

Cette rapide présentation montre le choix du Canada de faire de la discrimination positive en faveur des autochtones reconnus comme violentés par le développement de l'État. Cette discrimination positive organisée par la Loi, se retrouve jusque dans le champ pénal. Il se doit, dans la mesure où il reconnaît les communautés et une action néfaste de l'État à leur égard, de mettre en place des mécanismes permettant d'atteindre une égalité réelle.

Section 2. Mali : la justice de Bamako et la justice de Bandiagara

La justice malienne, celle de Bamako, est marquée par le système français du fait de la colonisation. Elle lui ressemble tant dans son organisation que dans ses principes et valeurs. Elle vise la découverte de la vérité, le respect de l'individu (droits, libertés, protection), la propriété individuelle.

1. Image extraite de la page internet *Flickr* du service correctionnel du Canada : https://www.flickr.com/photos/scc_images/

Mais, une partie de la population malienne, le peuple Dogon [1], peut choisir une autre justice. Elle a le choix entre la justice de Bamako et celle de Bandiagara même si cette dernière a perdu de sa vigueur aujourd'hui. Marcello Monteleone, magistrat italien en anthropologue écrit que « *le système judiciaire du Mali est en partie héritier de l'époque de l'administration française. Il faut cependant souligner que la logique coloniale, en tolérant ou en marginalisant le droit coutumier, ne s'est jamais préoccupée du respect des us et de l'identité culturelle « indigène ». Ainsi, au pays Dogon, le togou-naa* [2] *a perdu depuis longtemps sa fonction de tribunal local, et on a assisté à l'humiliation d'une pratique performante très ancienne, se basant sur la médiation et la réconciliation* » [3].

C'est de cette justice et de ses principes que nous discuterons. Elle est de moins en moins usitée, mais existe encore et, justement, cette disparition qui se fait sous nos yeux va permettre de comprendre une conséquence importante des conflits de valeurs qu'induit l'interculturalité. Pour cela, avant d'évoquer davantage la justice pénale et les modes de régulation des conflits Dogons, s'impose un détour par les décisions en matière de (re)distribution des terres. Dans le système traditionnel Dogon, la terre se prête et est exploitée pendant plusieurs dizaines d'années au terme desquelles un rite doit être fait qui la restitue à son propriétaire ou la redistribue à une autre famille. Ce système traduit une forme relative de collectivisation et, en cas de conflits, les décisions de la justice de Bandiagara rappelleront et s'inscriront dans l'histoire des clans. Les jeunes Dogons ont aujourd'hui compris que s'adresser à la justice de Bamako donne un autre résultat. Comme en France, le tribunal statuera en faveur de la propriété privée de l'intéressé qui exploite la terre depuis tant d'années, sans tenir compte du droit coutumier.

---

1. Le peuple Dogon vit au centre du Mali le long de la falaise de Bandiagara longue de 150 kilomètres.
2. Case traditionnelle Dogon située au centre du village où se tenaient les procès.
3. Marcello Monteleone, Le culte de la Terre au pays Dogon (Mali), entre coutumes foncières et décentralisation, l'Harmattan, Paris, 2013.

Par ces décisions fondées sur des valeurs individualistes (liberté de l'individu et propriété privée), la justice (saisie par les Dogons eux-mêmes) rompt une gestion traditionnelle efficiente et équilibrée, mais fondée sur d'autres principes (plus holistiques).

La justice pénale Dogon

La justice pénale Dogon a de nombreux liens avec les justices occidentales, c'est tout du moins ce que tente de démontrer Marcello Monteleone dans son livre sur le sujet [1]. Pour mémoire, la société Dogon est une société de caste dont les plus hauts dignitaires sont « la société des masques » [2] qui font le lien entre le monde des morts et celui des vivants. Après eux, et au sein de la société au quotidien, les forgerons sont les plus hauts dignitaires. En plus de leur fonction de forgeron, ce sont les médiateurs du village. Ils préviennent les conflits et interviennent pour les désamorcer dès leur apparition. Les valeurs fondamentales de la société Dogon me semblent être la régulation des conflits, la médiation et l'apaisement. Les valeurs fondamentales des sociétés occidentales me semblent être la liberté, l'individu et la propriété privée. Les buts poursuivis par les hommes de ces différentes cultures ne sont donc pas nécessairement les mêmes. Nous ferons un focus sur la prison (inexistante car hors de sens pour les Dogons). Ces différences de valeurs expliquent en effet pour partie les choix d'enfermement pour la France et le non-sens que cela représente pour les Dogons. Les prisons françaises sont nées de la Révolution. La liberté devenant la première des valeurs, l'enfermement se pose comme la punition idéale [3]. À

---

1. Marcello Monteleone, *Les Dogon : procès pénal traditionnel et justice réparatrice*, l'Harmattan, Paris, 2009.

2. Les masques sortent à l'occasion de rituels tels que : enterrements ou passage à l'âge adulte. Ils ne sont pas présents au quotidien. Leur parole est de la plus haute importance par leur capacité à faire le lien avec le monde des morts.

3. Il existait des maisons de force un peu partout en France avant la Révolution, mais ne détenant que peu de personnes et le plus souvent pour des raisons politiques (sur lettres de cachet). Les peines étaient davantage des amendes ou des brimades physiques voire de la torture.

l'inverse, la liberté n'est pas une valeur fondamentale Dogon quand la médiation l'est. En effet, la falaise de Bandiagara, dont les sols sont déjà très durs à cultiver [1], est entourée de désert. Le conflit ou l'exclusion induiraient la mort. La régulation des conflits est une nécessité, la médiation une valeur fondamentale. Les passages ci-dessous sont des extraits d'interview de Dogon que Marcello Monteleone et Ambaéré André Témbély ont mené ensemble. Ils sont utiles pour comprendre la manière dont la peine et la prison sont comprises par ce peuple.

Les deux chercheurs demandent aux Dogons interviewés s'ils préfèrent la justice traditionnelle ou la justice moderne et la raison justifiant ces choix. Djigiba Gazelou-Blandine [2] répond qu'il vaut mieux la justice traditionnelle que la justice moderne car « *elle favorise la réconciliation des parties à la fin du procès* ». Sagara Adama [3] considère, pour sa part, que « *par la tradition on arrive toujours à trouver une solution, alors que la justice moderne ne résout pas les problèmes* ». Suite à tout procès moderne, les gens se retrouvent au village pour la cérémonie du pardon. Kassogué Dramè Omar [4] répondra, quant à lui, que la justice traditionnelle est préférable car « *la paix qu'elle promeut dure longtemps* ».

Ils demandent également si les gens préfèrent les punitions traditionnelles ou bien la prison, et pourquoi ? Témbély Dimbiro [5] répond que les gens préfèrent les punitions traditionnelles car « *elles n'impliquent pas de conséquences négatives après la réconciliation* ». Témbély Ambaga [6] dit que la prison n'est pas une forme correcte de punition car il y a trop de souffrance et de honte.

---

1. Les Dogons ont développé une importante culture d'oignon, mais les sols sont difficiles à cultiver.
2. Femme au foyer, cultivatrice, 45 ans, pp. 260 à 262.
3. Agriculteur et serveur occasionnel en ville, 27 ans, pp. 269 à 273.
4. Cordonnier, 67 ans, pp. 273 à 275.
5. Agriculteur de 90 ans, pp. 237 à 237.
6. Cultivatrice, femme au foyer de 20 ans, pp. 240 à 242.

Djigiba Yadouro [1] souligne que la prison n'est pas une peine juste car seule la famille de la partie lésée accepte la prison comme punition, mais que cette vision n'est pas partagée par la communauté. En ce sens, la prison ne ferait pas pour elle consensus et surtout ne fédère pas, ne permet pas de faire société. Témbély Ogobara Moise [2] pense que les gens préfèrent les punitions traditionnelles « *car elles ne brisent pas l'unité de l'ensemble* ». Yanogè Jimbogo [3] préfère les punitions traditionnelles « *car les gens les comprennent mieux* ».

Pour donner un exemple des peines traditionnelles, voici quelques peines qui ont eu cours (ou ont cours) chez les Dogons : l'accomplissement d'un sacrifice, le dédommagement en argent (le montant est alors partagé par le village entier et la partie offensée en prend seulement un pourcentage), la fustigation, les dons en nature (animaux). Nous retrouverons en Nouvelle-Calédonie des peines traditionnelles proches avec l'astiquage (plusieurs membres du village qui frappent la personne délinquante [4]), le nettoyage des routes, les peines financières ou les dons en nature (ignames, tissus, bois notamment).

Bien entendu, il ne s'agit pas de prendre position pour tel ou tel système, ce serait un non-sens. Rappelons pour éviter tout débat stérile qu'en Nouvelle-Calédonie comme chez les Dogons, la voix des plus jeunes s'élève pour réclamer plus de liberté et réduire le poids de la pression sociale induite par la coutume. Ce qui nous intéresse ici est de comprendre que les valeurs fondamentales des sociétés aboutissent à construire un modèle de justice (et institution judiciaire) propre. Un modèle français et occidental fondé sur la liberté et l'individu ; un modèle Dogon fondé sur la communauté et la médiation.

---

1. Cultivatrice et femme au foyer de 35 ans, pp. 299 à 302.
2. Agriculteur et musicien, 38 ans, pp. 242 à 244.
3. Forgeron, 60 ans, pp. 247 à 250.
4. Si la peine d'astiquage peut choquer l'opinion française, il faut rappeler qu'à cette même période la peine de mort avait toujours cours en Métropole.

Il importe de présenter quelques « procédures » judiciaires qui se sont créées notamment pour répondre à ce besoin de réguler les conflits, de trouver l'apaisement, de vivre ensemble dans la société Dogon. Le lieu du procès est déjà tout un symbole : la Togou-naa, maison centrale du village où se tiennent les palabres, faite de 7 toits qui représentent les 7 cieux de la cosmogonie Dogon et haute d'un mètre 20 environ [1].

Photographie d'une Togou-naa [2]

C'est dans la Togou-naa que vont ainsi se retrouver les accusés, les victimes et toutes les personnes pour qui l'acte commis a des répercussions, c'est-à-dire, le plus souvent, une grande partie de la communauté. La Togou-naa est ouverte sur

1. Difficile dans ces conditions de se lever et s'énerver sans se cogner la tête. La raison est aussi et surtout de devoir s'incliner en y entrant, signe de respect pour ce haut lieu du village.

2. Photographie libre de droits extraite du site internet wikipedia, page italienne : https://it.wikipedia.org/wiki/Toguna.

l'extérieur pour que le procès soit public. Chacun prendra la parole, et dira ce qu'il a à dire, jusqu'à ce qu'elle soit épuisée. La justice Dogon est une justice qui n'a rien à envier aux systèmes occidentaux. Elle vise la découverte de la vérité et dispose de procédures similaires aux nôtres [1]. Mais en complément de la recherche de la vérité, s'accompagne une recherche du vivre ensemble et de la réparation du lien social, ce qui va apporter des mécanismes spécifiques qui n'existent pas dans les justices occidentales. À titre d'exemple et de manière anecdotique, l'accusé qui se présente devant le tribunal va entendre l'ensemble des discours de ceux que le crime a lésés. Il sera invectivé et n'est parfois pas en mesure d'assumer les émotions que cela génère. Pour y remédier, et que la communauté soit apaisée, les Dogons ont imaginé une procédure où c'est le frère qui se présente tout d'abord devant le tribunal et reçoit les invectives au nom de l'accusé jusqu'à ce que l'émotion s'apaise et que l'individu concerné puisse prendre sa place au centre de la Togou-naa [2]. Si cette règle semble relever d'une mise en scène davantage que d'une procédure judiciaire non reproductible en France, le souci qui la sous-tend n'est pas anecdotique. Elle n'existe que parce que cette société a compris qu'un crime n'est pas que la relation entre un auteur et sa victime ou un auteur et l'État de droit, mais bien un acte aux répercussions qui rayonnent sur tout un environnement. Cela posé, elle invente des procédures qui visent à réduire les effets néfastes du crime sur la communauté. L'association LAPAC participe de cette conception en accompagnant les prévenus non pas à préparer leurs procès, mais à être capable de mobiliser leurs ressources à cette occasion. L'objectif est que les mots attendus par les victimes et la

---

1. C'est ce que veut démontrer Marcello Monteleone dans son livre, *Les Dogon : procès pénal traditionnel et justice réparatrice*, L'Harmattan.

2. Dans une autre démarche, mais avec un souci similaire, il me semble, l'association LAPAC créée par Hélène Castel réalise le travail qui pourrait être fait avec tous les prévenus en les « coachant » / mobilisant pour leur permettre d'être le plus apte possible à répondre lors des procès.

communauté puissent être dits et que ce ne soit pas le manque de ressources et de capacités personnelles qui l'interdisent. Dans cette même démarche, la justice restaurative offre des solutions d'une grande efficacité à mes yeux. Les quelques réalisations françaises, les milliers de médiations en Belgique ou au Canada entre autres, montrent un besoin de « réparation » du lien social, d'échanges, de paroles libres que les enjeux d'un procès pénal ne permettent que partiellement.

Enfin la logique de réparation qui existe dans ces procès permet de questionner les répercussions d'une infraction et de tenter de les atténuer ou de les réparer. Ce n'est pas seulement un auteur et l'État comme c'est le cas en France [1], mais un auteur et la communauté tout entière. Ce qui compte n'est pas l'infraction commise à l'égard du Prince, de la Loi, de l'État (la rupture du contrat social), mais le mal fait à la communauté et au lien social. La justice restaurative vient certainement questionner la justice française et occidentale sur ces fondements à ce niveau-là. La justice restaurative met en place des procédures qui visent à traiter les répercussions du crime sur la communauté. C'est aussi certainement la raison pour laquelle elle trouve un écho immédiat en Nouvelle-Calédonie et en Polynésie quand elle fait l'objet de nombreuses résistances en métropole. Nous quitterions notre sujet en poursuivant, mais actons qu'en travaillant sur les valeurs, la justice restaurative rejoint cette réflexion.

---

1. En France : la victime n'est pas secondaire, mais a un statut (philosophiquement) secondaire. Le procès se tient entre un auteur d'infraction et la Loi et donc entre un auteur d'infraction et l'État. Bien sûr dans la réalité les magistrats sont très attentifs aux victimes, mais la philosophie du procès est celle de la rupture du contrat social et la peine vient réparer cette rupture.

Section 3. France : universalisme, exemples de l'Outre-mer et notamment de la Nouvelle-Calédonie

La France est un pays universaliste et assimilationniste, imprégné des valeurs des Lumières, qui suppose qu'il n'y a qu'un seul peuple. Un seul peuple et donc une seule politique même si des adaptations sont possibles et existent (Corse, Nouvelle-Calédonie, Polynésie, Mayotte, Alsace notamment). Nous nous appuierons beaucoup sur le territoire de la Nouvelle-Calédonie pour réfléchir à notre sujet en faisant le pari que les réflexions tirées seront réexploitables dans d'autres contextes.

La Nouvelle-Calédonie est entrée dans un processus d'indépendance il y a 30 ans suite aux événements (ou doit-on dire guerre civile ?) qui ont eu lieu entre 1984 et 1988. Ils ont pris fin peu de temps après le drame de la grotte d'Ouvéa par la signature des accords éponymes puis ceux de 1998 pour fixer un référendum d'autodétermination en 2018. La question posée en 2018 est sans ambiguïté : « Voulez-vous que la Nouvelle-Calédonie accède à la pleine souveraineté et devienne indépendante ? ». La réponse est « non » à 56,7 % des suffrages exprimés (78 360 voix) contre 43,3 % (60 573 voix). Il se peut que la question soit reposée en 2020 puis en 2022 avant que le processus ne soit allé à son terme. À ce jour, le territoire est donc doté d'un gouvernement autonome sur de nombreux sujets pouvant légiférer des Lois de pays différentes de la métropole (à l'exception des domaines régaliens). En matière civile, il existe deux statuts civils différents et, selon le choix des personnes, le juge (métropolitain) sera ou non assisté d'assesseurs coutumiers. Il statuera en fonction des principes du droit de l'État français et du Code civil ou tiendra compte du fonctionnement tribal et des principes coutumiers. La justice et les services régaliens sont assurés par l'État français. Ce territoire, dont la complexité apparaît à plusieurs titres, permet de réfléchir grâce à des exemples de vie en situation d'interculturalité. Il en sera usé et abusé pour illustrer le propos.

Les territoires français à statut particulier

Quelle est la politique de la France vis-à-vis des communautés ? Nous avons rappelé qu'elle a une philosophie politique universaliste, contrairement au Canada qui réfléchit en termes communautaristes. La discrimination positive n'est pas une évidence pour nous, loin de là. Les débats à ce sujet concernant les quotas des « minorités visibles » à la télévision ou des femmes à la députation ont été vifs. Concernant le domaine qui nous occupe, il n'y a pas de dispositif favorisant l'octroi de libération conditionnelle pour certains détenus comme au Canada. Il y a, par contre, des accommodements, la réalité des territoires imposant aux professionnels de trouver des solutions adaptées.

La France ne tient pas de statistiques ethniques, sauf exception contrôlée, même si de plus en plus de chercheurs en sciences sociales les réclament à des fins de recherche. En 2007 le Président de la République ouvrait le débat sur la mise en place de telles statistiques qui sera tranché par le Conseil Constitutionnel estimant que la République française « *assure l'égalité devant la loi de tous les citoyens sans distinction d'origine (...) ou de religion* ».

La France est composée de collectivités Outre-mer et les différences sont importantes avec la métropole puisque ces territoires (Nouvelle-Calédonie et Polynésie) sont dotés d'un Gouvernement ayant le pouvoir de légiférer des lois de pays sur les domaines non régaliens. La Nouvelle-Calédonie est, de plus, dans un processus de questionnement sur son indépendance. Les autres territoires ultra-marins n'ont pas cette différence de gouvernance mais certains peuvent être en décalage avec la métropole, comme Mayotte par exemple. À titre d'exemple, l'indice de développement qui sert pour Mayotte est celui des pays en voie de développement et non celui de la métropole ou des autres DOM-TOM. Je reproduis ici les mots de Régis Lafargue, magistrat spécialiste d'anthropologie juridique et ayant exercé en Nouvelle-Calédonie, concernant l'existence de statuts juridiques différents coexistant au sein de l'État français. Pour qui ne s'est jamais penché sur les territoires ultra-marins, il y a de quoi être surpris : « *C'est ce système de « citoyenneté partielle » que la Constitution de 1946 (article 81 et 82) va généraliser à toute l'Union française. La constitution conférant la citoyenneté française à tous ses habitants de l'Outre-mer posera comme restriction le principe que toute personne relevant d'un statut civil personnel de droit particulier le conserverait tant qu'elle n'y avait pas expressément renoncé.*

C'est cet habile compromis qu'exprime, aujourd'hui encore, l'article 75 de la Constitution de 1958 : « Les citoyens de la République qui n'ont pas de statut civil de droit commun (...) conservent leur statut personnel tant qu'ils n'y ont pas renoncé ». Cette disposition impose au juge d'appliquer le droit local, là où existe un statut personnel de droit particulier. À Mayotte, ce droit local est un droit écrit. Il est issu d'un traité de rite chaféite, le Mihadja at twalibin. À cette loi islamique s'ajoutent des coutumes africaines préislamiques qui en tempèrent certains aspects (Sermet 2009). C'était le droit applicable dans tout l'archipel comorien jusqu'à l'indépendance en 1975. (...)

En Polynésie, ce droit local est un droit coutumier oral, appliqué jusqu'à la suppression du statut personnel en 1945, de même que de nos jours encore à Wallis-et-Futuna, et en Nouvelle-Calédonie.

Aujourd'hui il existe trois exemples de statut personnel de droit particulier fortement reconnu : en Nouvelle-Calédonie (mis vraiment en œuvre que depuis 1990), à Wallis-et-Futuna, et Mayotte. À cela s'ajoute des situations à venir qu'il faudra bien un jour songer à organiser : la Guyane avec les communautés Boni ou Noir-marrons [1] *et Amérindiennes qui réclament, surtout pour ces dernières, la reconnaissance de leurs droits en s'appuyant sur les exemples nord-américains. Il en va de même*

---

1. Les Boni sont l'une des ethnies « Bouschinengué » ou « Noirs-marron » qui sont les descendants africains déportés à l'occasion de la traite des noirs et qui ont construit leurs communautés le long du fleuve Maroni.

pour les Polynésiens travaillés par une revendication identitaire très forte ».

La suite de l'article de Régis Lafargue explique comment ces statuts civils particuliers évoluent de manière radicalement différente. Reconnaissance d'une identité propre en Nouvelle-Calédonie, il est « *le résultat d'une véritable politique de reconnaissance d'un peuple autochtone : d'une société dont l'intégrité culturelle et la souveraineté juridique sont reconnues par le biais du statut personnel de droit coutumier Kanak* ». À Mayotte et depuis 2003, au contraire, « *il est un exemple assez caricatural de nouvelle tentative de forçage, ou de colonisation juridique* » à ses yeux. « *Mayotte offre l'image d'une spécificité juridique locale en voie de résorption – en fait, il s'agit d'un processus de laïcisation forcé de la société mahoraise qui fait passer le droit musulman de la lumière à l'ombre, non sans quelques résistances (avec des cadis qui célèbrent désormais des mariages polygamiques en fraude de la loi, depuis qu'en 2003 la loi prohibe la polygamie, et depuis qu'on leur a enlevé la possibilité de célébrer les unions en présence de l'officier de l'état civil, pour confier cette mission au seul représentant de l'état civil)* » [1].

Qu'en est-il dans le domaine pénal ?

Mais revenons au domaine de la délinquance et des actions politiques envisageables à son égard. Le statut personnel ne concerne que le statut civil. D'un point de vue pénal, il n'est fait aucune distinction, une infraction est une infraction et seuls le Code pénal et le code de procédure pénale comptent. Comme l'écrit Valérie Parisot [2], les sanctions coutumières sont illégales pour le droit français. « *En matière répressive, les sanctions coutumières sont variées. Or, elles sont parfois appréhendées,*

1. Régis Lafargue, cahiers d'anthropologie du droit 2011-2012, pp. 165 à 168.
2. Valérie Parisot, Cahiers d'anthropologie du droit 2001-2012, pp. 191-193

par le droit étatique, comme autant d'infractions pénales. (...) Dans l'affaire des coutumiers de Chepenehe (...), les châtiments corporels infligés à des femmes ayant refusé, même après un avertissement, de se plier à certaines tâches collectives, ont été qualifiés de violences volontaires au regard du droit français. Dans l'affaire ayant donné lieu à l'arrêt de le cour d'appel de Nouméa du 28 avril 2009 ensuite, qui opposait deux clans à propos de l'occupation d'un terrain, les dégradations et destructions par incendie de biens mobiliers ou immobiliers, appartenant à une famille ayant résisté à une décision coutumière d'expulsion, ont été analysées comme des atteintes aux biens, répréhensibles et punissables dans les conditions définies par le Code pénal français. Le droit français n'établit, à cet égard, aucune distinction selon que la sanction s'avère légitime au regard de la défense de l'ordre social coutumier, mis en danger par certains membres de la tribu qui n'en acceptent pas les règles d'organisation les plus élémentaires, ou selon que la sanction se révèle illégitime au regard même de la logique du système coutumier, à laquelle elle ne saurait être rattachée. Celui qui agit pour défendre l'ordre social coutumier et dont l'action est fondée au regard de la coutume, se retrouve, devant le juge français, en position de fauteur de trouble » [1].

S'il est exclu de prendre position sur ces débats, les évoquer permet de faire émerger le décalage qui intéresse. Comme l'écrit Valérie Parisot avec ces questions « *un retour au fondement même du droit pénal s'impose. Le droit pénal est un « droit sanctionnateur » : son rôle consiste davantage à apporter une sanction à une règle déjà posée dans une autre branche du droit qu'à créer une obligation nouvelle. Il (...) n'a de sens que par rapport aux valeurs qu'il protège dans une société donnée. Si ces*

1. Les sanctions coutumières mélanésienne vont de travaux divers semblables à nos TIG à « l'astiquage » qui est une sanction physique collective pouvant aller jusqu'à laisser des séquelles et des handicaps dans les cas les plus graves.

valeurs disparaissent ou n'existent pas, la répression pénale perd sa raison d'être » [1].

L'une des particularités de la justice pénale en Nouvelle-Calédonie est la surreprésentation, en prison, des personnes mélanésiennes [2].

Certains indépendantistes mélanésiens envisagent la question de la délinquance, ses causes comme ses solutions, par une explication en rapport avec la perte (ou le retour) du mode de vie traditionnel. C'est parce que les personnes (souvent les jeunes) ont cessé d'entretenir la coutume et donc d'être socialement positionnées par elle qu'ils sont devenus délinquants. C'est en les recentrant sur leur place dans la société (en fonction de leur nom de famille [3]) que les personnes trouveront un sens à leur vie et serviront la communauté. Les jeunes délinquants sont, il est vrai, le plus souvent en proie à une double insécurité identitaire. Ils ont rejeté la vie traditionnelle coutumière et ses valeurs collectives (l'individu n'a pas vraiment de valeur, ce qui compte c'est la famille, le clan, la tribu) [4] mais sont, dans le même temps, rejetés par le monde occidental pour lequel ils n'ont pas tous les codes. De nombreux faits de délinquances sont commis par des personnes qui ont reproduit un mode de vie assez collectif dans les quartiers proches de Nouméa (sans les règles coutumières et avec éventuellement des valeurs pro-criminelles). L'un des

---

1. Valérie Parisot, *Cahiers d'anthropologie du droit,* 2001-2012, p. 200.
2. Les termes mélanésien ou Kanak sont indifféremment utilisés ici. Le mot Kanak à une histoire forte. Il est dérivé du terme canaque utilisé de manière dépréciative par les colons puis revendiqué par les Mélanésiens eux-mêmes comme faisant identité dans les années 1980 et notamment sous l'impulsion de Jean-Marie Tjibaou. La Kanaki, verra le jour à cette époque.
3. Dont l'un peut être caché au grand public est sacré.
4. À titre d'exemple certains jeunes mélanésiens refusent d'acheter une voiture car celle-ci ne leur appartiendrait pas (fut-elle nécessaire pour se rendre au travail), mais appartiendrait au clan et serait utilisable par tous.

discours politiques indépendantistes est donc de considérer qu'apprendre la coutume aux jeunes mélanésiens et ainsi leur donner un rôle dans la société (porte-parole, guerrier, chef…) les posera et mettra un terme à la délinquance.

Est reproduit ici un écrit donné par un chef de clan de l'île de Lifou (îles Loyautés appartenant à la Nouvelle-Calédonie) qui évoque à la fois la justice restaurative et sa cohérence avec la culture Kanak, et quelques exemples de punitions qui avaient cours en tribu avant le recours à la justice française ou en amont de celle-ci [1].

« La justice restaurative
La justice restaurative en Nouvelle-Calédonie sera certainement l'un des moyens les plus appropriés pour le milieu mélanésien en raison de ses pratiques traditionnelles et coutumières et la particularité de ces pratiques en raison de la multiplication de ses régions tant sur la Grande Terre qu'aux Îles Loyauté.
Il s'agit donc pour les Autorités Coutumières de bien réfléchir, de bien analyser chaque cas afin d'adapter la réponse à proposer aux différents acteurs en conflits.
Je suis tout à fait serein d'affirmer que le milieu mélanésien fera de la JUSTICE RESTAURATIVE un outil et un partenaire précieux pour solutionner la grande majorité des problèmes sociaux en milieu tribal.
Le Territoire doit la prendre en compte comme une aide précieuse à son développement social qui a beaucoup de difficultés à avancer sereinement vers son avenir prometteur.
Nous disposons déjà dans ce milieu particulier d'un dispositif appelé « le Palabre » : discussion longue qui accompagne les négociations avec les chefs et où l'on privilégie la repentance, le pardon, l'obéissance avec lesquels le conseiller chargé de la négociation entre les deux parties s'imprègne constamment.

1. Écrit qui m'a été remis à l'occasion d'un voyage en Nouvelle-Calédonie et d'une démarche de ma part de rencontres avec des responsables coutumiers.

Repentance et pardon ont disparu dans la vie de tous les jours de notre société.
Il y a dans la société civile des associations dites chrétiennes où se trouvent des personnalités tout à fait aptes à apporter leur concours et leurs sagesses aux différentes parties en conflits afin que les personnes ayant subi la condamnation et après avoir purgé leur peine puissent retourner et revenir au sein de la société avec la conscience tranquille et sereine.
Il y avait dans le passé dans le district de Lössi, depuis les années 20, une panoplie de sanctions et de punitions mise en place par les Autorités Coutumières de l'époque à partir des textes, disait-on, de la « Loi Mac-Farlane », missionnaire de la société des missions de Londres, ayant séjourné à Lifou du 28 octobre 1959 au 31 mai 1871. Il avait fait adopter le principe, en usage dans les missions des mers du Sud : une profession de foi au Christ et une conduite fidèle au Décalogue sont les conditions suffisantes d'admission au baptême. On doit aussi mettre au point une discipline ecclésiastique et regarder à la qualité morale et religieuse des candidats et favoriser l'éclosion des personnalités. Les Autorités Coutumières et religieuse de l'époque avaient saisi cette opportunité pour élaborer un texte destiné à la Grande Chefferie de Lössi comme une loi coutumière, afin de garantir sa promulgation.

Exemple de délits punis par l'autorité coutumière
***Vol** : homme ou femme : jugé en public*
Sanction ou punition : plusieurs coups de bâton ou nerf de bœuf en public dans l'enceinte de la Grande Chefferie du District de Lössi. Le prévenu est amené par la justice coutumière du District. Chaque tribu du district possède 3 policiers établis au sein de la tribu pour veiller à la bonne marche de la population et au respect des règles établies par l'Autorité Coutumière.
***Adultère** : homme ou femme : jugé en public*
Sanction ou punition : idem que le Vol, mais pour les hommes, ils sont soumis aux travaux forcés qui peuvent s'étaler de plusieurs semaines à 1 ou 2 mois. Plantation de cocoteraies le long de la route principale ou vers les plantations.

Aménagement et entretiens des routes carrossables qui peuvent durer plusieurs semaines ou plusieurs mois. Certaines personnes sont condamnées à ne pas se rendre à Chépénéhé, seul port de l'époque, pour qu'elles ne s'échappent pas vers Nouméa ou la Grande Terre.
Certains couples sont condamnés plusieurs mois à entretenir les cotonneries de la Grande Chefferie situées sur les hauts plateaux du district afin de les isoler loin des tribus et de la population environnante.
Meurtres *: homme ou femme : Attaché et exposé en public sur la place du marché* ; *enfumé et attaché à un poteau plusieurs jours sur la place publique avant d'être livré aux Autorités publiques.*
Rappelons ici que certaines personnes condamnées par les Autorités Coutumières ainsi que les couples ayant purgé leur peine dans les plantations de coton ont presque tous été réhabilités et beaucoup ont obtenu leur engagement auprès des services publics dans la capitale à Nouméa pour plusieurs années, contrat cosigné par l'Autorité civile de l'époque et le Grand Chef du District de Lössi.

Fait à DUMBEA
Le 02 février 2017
WAHMU PIERRE PEKAJO

En France, ce n'est donc pas dans la politique que seront trouvés des exemples de décalages interculturels comme c'est le cas au Canada pour des raisons de différences d'Histoire et de constructions des valeurs fondamentales de société, mais plutôt dans la pratique.

« Notre système de valeurs détermine tout notre paysage mental »

Louis Dumont [1]

Chapitre 2

Sur quelles théories peut-on s'appuyer pour fonder l'ethnoprobation ?

Les développements de la première partie ont permis d'évoquer quelques politiques différentes en matière de prise en charge de personnes délinquantes lorsqu'il y a de l'interculturalité en jeu. La justice est un lieu de rencontre des cultures à travers les litiges. L'anthropologie juridique a compris depuis longtemps que la justice n'est pas qu'un système de normes, mais qu'elle a une dimension explicative de l'ensemble des phénomènes sociaux et culturels. Dans ce second chapitre, la démarche sera liée à cinq cadres théoriques :
- la philosophie (ou l'histoire des idées) ;
- l'interculturalité avec en particulier le travail de Hofsteed qui théorise un modèle assez simple pour comprendre une culture en extrayant six dimensions / concepts / valeurs à observer ;
- l'anthropologie juridique ;
- la criminologie et plus précisément les modèles de désistance ;

1. Louis Dumont, *Essais sur l'individualisme. Une perspective anthropologique sur l'idéologie moderne,* éd. du Seuil, coll. Points, essais, 1983, p. 18.

- l'ethnopsychiatrie, non pas pour sa théorie, mais pour sa démarche et son rapport à la psychologie et à la psychiatrie classique.

Fort de ces cinq modèles théoriques, une méthode sera élaborée afin de permettre de travailler plus efficacement avec des personnes délinquantes par la prise en compte des valeurs culturelles. Le travail d'ethnoprobation proposé dans cet écrit s'intègre dans le modèle criminologique dominant « Risque-Besoin-Réceptivité », en étant l'un des aspects de la réceptivité. La deuxième idée importante est que l'un des apports de la criminologie est l'importance de l'environnement social dans les facteurs de risque ou de protection des passages à l'acte. Mieux comprendre l'environnement culturel, les conceptions et les représentations qui l'organisent est de nature à se donner les moyens d'agir sur la délinquance et la récidive. Les sections qui suivent s'intéressent aux disciplines qui facilitent cet exercice de décentrement.

Section 1. La philosophie

Qui connaît l'histoire des idées sait à quel point nous réfléchissons avec des concepts élaborés au cours des siècles. C'est le cas de celui d'individu. Il n'a d'évidence que pour nous (citoyen occidental) et peut créer, avec les communautés citées jusqu'ici, mais aussi avec nombre de peuples d'Asie par exemple (Japon), un décalage. C'est aussi ce concept et son évolution (vers la liberté de l'individu, les droits de l'Homme) qui va aboutir à faire de la prison la peine de référence en occident après les Lumières et la Révolution française. Le modèle d'interculturalité de Geert Hoftede sera présenté en ce qu'il modélise certains items, éléments de cultures, comme étant des marqueurs importants à regarder pour réduire plus rapidement le décalage ressenti en situation d'interculturalité. La philosophie permet de comprendre voir de déconstruire un concept pour en saisir l'origine et savoir de quelle manière il s'est formé, quels sont les débats passés qui lui donnent du sens aujourd'hui, quels sont les sous-entendus drainés par le mot et alors pourquoi il prend sens dans une culture donnée et moins dans une autre. Au regard du thème de l'ouvrage, la focale sera dirigée vers le concept d'individu car c'est de lui que naît celui de liberté et bien plus tard sa privation. C'est aussi sur lui que repose la légitimité du droit pénal. Le mouvement occidental n'est pas celui de l'orient qui conçoit l'homme différemment et donne une importance accrue au collectif. Il s'agira de s'y intéresser quelques instants comme une occasion de saisir, sur un seul exemple, comment la philosophie peut faciliter la prise de conscience du décalage culturel et aider à une meilleure compréhension mutuelle.

Les anthropologues savent bien que l'on peut parler la même langue et pour autant ne pas se comprendre. Nous allons voir ici que lorsque nous parlons de personne, d'individu, de liberté, de prison notamment, nous utilisons des mots chargés par leur histoire. Leur sens n'est pas le même dans une autre culture.

L'histoire du concept d'individu, de personne, s'enracine, comme souvent dans notre culture, dans la civilisation grecque d'il y a 2500 ans. Dans un monde dominé par de multiples Dieux aux caractères différents et une cosmogonie fermée [1], l'individu se façonne et doit trouver sa place. Il sera hédoniste chez Épicure (c'est à dire apte à profiter de la vie par un respect de la mesure et de l'équilibre), capable de comprendre et suivre l'ordre du monde chez les Stoïciens et de raisonner par lui-même à partir de Socrate. Se crée à cette époque la croyance que l'Homme peut et doit comprendre le monde clos et fini dans lequel il évolue [2]. L'explication du monde n'est plus extérieure à l'Homme (la Religion), mais elle peut être comprise par lui. La formule célèbre « Nul n'entre ici qui ne soit géomètre » inscrite au fronton de l'Académie de Platon, ou le non moins célèbre « connais-toi toi-

1. Souvent 2 ou 3 strates de ciels faits d'éther ou de lait (la voie lactée vient de là).

2. Voir le livre d'Alexandre Koyré, *Du monde clos à l'univers infini,* Ed. Gallimard, 1988.

même » de Socrate, répondent de cette logique. L'univers est fini, juste et harmonieux (cosmos). Dans ses *Pensées* Marc Aurèle écrit que « *tout ce qui arrive, arrive justement ; c'est ce que tu découvriras si tu observes les choses avec exactitude (...) comme si quelqu'un vous attribuait votre part suivant votre dû* ». L'individu devient ainsi l'instrument de mesure capable de comprendre un monde fini et harmonieux dont le sens immédiat lui est caché, mais accessible. Puis, contrairement à une idée reçue, la philosophie du Moyen-âge, et la vie de Jésus avec l'avènement de la chrétienté, va faire évoluer considérablement le concept d'individu. Le livre de vulgarisation philosophique de Luc Ferry, *Apprendre à vivre*, est très éclairant et pédagogique sur ce point : « *Je voudrais (...) t'expliquer pourquoi cette pensée chrétienne a pris le dessus sur la philosophie grecque au point de dominer l'Europe jusqu'à la Renaissance (...). Les chrétiens ont inventé des réponses à nos interrogations sur la finitude qui sont sans équivalent chez les Grecs, des réponses (...) si « performantes », si « tentantes » qu'elles se sont imposées à une bonne partie de l'humanité comme littéralement incontournable* ».

Pour ce qui nous concerne, la chrétienté va modifier la conception de l'Homme en ce que le Divin n'est plus le cosmos, l'ordre harmonieux de la nature et des choses, mais il existe sous la forme humaine (L'Homme est à l'image de Dieu). Ce passage, pour reprendre les mots de Luc Ferry « *est le passage d'une doctrine du salut anonyme et aveugle à la promesse que nous allons être sauvés non seulement par une personne, le Christ, mais aussi en tant que personne* ». Ce nouveau statut pris par l'individu, la personne humaine, ouvre une autre conception / philosophie du monde. Elle amènera, et c'est un sujet majeur pour notre domaine d'étude, les droits de l'Homme qui demeurent un socle solide pour l'occident (pas pour de nombreux pays asiatiques par exemple, et pour cause, ils n'ont pas cette Histoire). L'individu grec était celui qui savait observer et comprendre la nature et qui, pour vivre heureux, devait s'y conformer et respecter sa place. Avec la Chrétienté, l'individu devient libre car il peut aller contre l'ordre divin s'il n'utilise pas ses capacités dans le sens de la morale chrétienne. Le monde aristocratique grec laisse la place à un monde méritocratique fondé sur la liberté des individus. À cette époque, la prison n'a pas encore de sens puisque son existence est liée logiquement à la Révolution et le prima de la liberté sur toute autre valeur. Pour autant, la conception du monde qui s'élabore ici (et dont nous sommes nécessairement dépositaires sauf à le déconstruire consciemment et faire le choix conscient d'une autre philosophie) est déterminante. Pour seul exemple, il suffit d'évoquer les écrits d'Abélard et en particulier son traité *Scito te ipsum* (« *connais-toi toi-même* ») au XIIe siècle. Il y élabore une théorie morale fondée sur l'intention : « *Car, non ce qui se fait, mais dans quel esprit cela se fait, voilà ce que pèse Dieu* ». C'est ce principe qui se retrouve dans le droit pénal : « *il n'y a point de crime ou de délit sans intention de le commettre* ».

Mais poursuivons notre rapide passage en revue de l'Histoire du concept d'Individu ainsi que de la manière dont il a pensé sa place dans l'Univers. L'avènement de la science moderne (au XVe et XVIe siècle) va révolutionner ces représentations. Cela peut sembler abstrait et pourtant c'est une période si angoissante pour les Hommes de cette époque que les puissants prononceront des condamnations à mort contre ceux qui affirment des vérités scientifiques contraires à la conception chrétienne du monde [1]. La science, en découvrant que la Terre est ronde [2] et qu'elle n'est pas le centre de l'Univers, mais tourne autour du soleil, met à mal la perception de l'homme comme étant la mesure de toute chose. Il n'est plus central dans l'Univers et devient un animal parmi d'autres [3]. La psychanalyse au XIXe alimentera même la méconnaissance que l'homme a de lui-même par la découverte de l'inconscient.

---

1. Giordano Bruno, astronome, sera condamné au bûcher en 1680 par exemple.
2. L'Église ne reconnaîtra officiellement la rotondité de la Terre qu'en 1996.
3. À partir de la découverte de l'évolution de Darwin encore contestée aujourd'hui aux États-Unis et ailleurs.

Le monde clos et harmonieux des grecs est désormais un monde infini et peut-être sans sens prédéfini [1]. Les Hommes doivent désormais construire leur monde et non pas seulement le comprendre, s'y adapter, mais également lui donner un sens. « *La naissance précède l'Essence* » écrira Sartre. Et pour en arriver là, Descartes aura fait de la raison humaine la seule certitude et la mesure de toute chose.

Kant, quant à lui, cristallise dans l'Homme :

- le savoir (*la critique de la raison pure*, l'homme pense à partir de 4 catégories présentes dans son cerveau) ;
- la morale (l*a critique de la raison pratique*) ;
- la beauté et la création artistique (*la critique de la faculté de juger*).

Puis Nietzsche tuera Dieu : « *Dieu est mort ! Dieu reste mort ! Et c'est nous qui l'avons tué (...). Ne sommes-nous pas forcés de devenir nous-même des Dieux* » dans *Ainsi parlait Zarathoustra* pour rendre à l'Homme toute sa responsabilité. Le droit pénal ne fait pas autre chose, chaque individu est profondément responsable de ses actes : angoissant, pas d'échappatoire.

Les premières pages de *l'Homme Révolté* de Camus sont très riches car il questionne le crime et le replace dans un monde qui n'a pas de sens. Quelle douleur d'être victime de violences quand on ne peut pas se consoler à minima par un « c'est dieu qui l'a voulu », « il est bien où il est ». Camus fait de l'absurdité du monde le point de départ et le centre de sa réflexion. Le monde est absurde et comment vivre avec cela ? Il débute cette réflexion par la question du meurtre. La Seconde Guerre mondiale est encore dans tous les esprits. Il répond à cette absurdité du monde par l'action et la Révolte. Mais en questionnant la relativité des valeurs à partir de l'exemple des crimes, il nous permet d'arrêter là ce trop long développement et peut-être légitimer la démarche. La criminologie tente d'expliquer, voire de donner du sens à des actes

1. La philosophie contemporaine se questionne sur comment vivre dans un mode qui n'a pas de sens par lui-même.

apparemment absurdes. Il convient de compléter cette démarche par un travail sur les différences de systèmes de valeurs, sans juger la pertinence de chaque système, bien entendu. « *Si l'on ne croit à rien, si rien n'a de sens et si nous ne pouvons affirmer aucune valeur, tout est possible et rien n'a d'importance. Point de pour ni de contre, l'assassin n'a ni tort ni raison. On peut tisonner les crématoires comme on peut aussi se dévouer à soigner les lépreux. Malice et vertu sont hasard du caprice* » [1].

La justice est le lieu de ces rencontres / oppositions de systèmes de valeurs. Les décisions qu'elle rend réaffirment ces valeurs à mesure de procès. Dès lors, quoi de plus logique de prendre un temps pour questionner les systèmes de référence et déconstruire les valeurs pro-criminelles au cours d'un temps de détention ?

Retenons enfin qu'avec la philosophie moderne et un monde absurde (renforcé par la violence du XXe siècle), il ne reste qu'à l'Homme libre de choisir ce qu'il veut être. La Révolution française avait fait de la liberté la valeur fondamentale de la société. Les prisons deviennent, logiquement, la peine de référence en privant les citoyens de leur principale qualité.

Pour en terminer avec l'idée que lorsque parler d'individu et de liberté en occident ne renvoie pas nécessairement à la même chose qu'une personne d'une autre culture, une dernière comparaison est nécessaire. Les droits de l'Homme sont une émanation de la conception de l'Individu à travers l'Histoire. Cette conception a, petit à petit, façonné la prison telle que nous la connaissons aujourd'hui. Les droits de l'homme ont été mis en balance par Karl Marx dans le cadre de l'internationale socialiste avec d'autres droits de l'homme fondamentaux : ceux de manger, de boire et d'être logé. La société soviétique (à l'époque de l'URSS) a donc créé les kolkhozes et sovkhozes et une société aux fins égalitaires. La conception de l'Individu et de son rapport au collectif, de sa

---

1. Albert Camus, *L'Homme révolté*, introduction, p. 13, Ed. Gallimard, 1951.

liberté est là aussi bien différente entre le professionnel français qui travaille en prison et le Russe, l'Ossète, le Géorgien ou l'Albanais.

Au terme de ces développements, il est une évidence pour les Occidentaux : le primat de l'individu et de sa liberté sur le groupe peut entrer en contradiction avec des valeurs d'autres cultures et peuples. La philosophie bouddhiste comprend quatre vérités dont deux visent la disparition de l'Ego. La vacuité des pensées et le concept d'*Anatma*, le « non soi » qui invite à comprendre que tout est relatif et éphémère et que l'existence matérielle d'un homme qui serait le même de la naissance à la mort, seraient illusion. « Je » change à tout instant. Dans cette conception de l'homme, nous sommes loin, très loin, d'un individu ayant des droits par le seul fait d'exister. Un homme substantiellement autorisé à … car il existe. Au contraire, dans cette conception, l'homme est une rencontre d'énergies et n'a d'existence qu'au moment présent, sans cesse changeant. Il n'a d'existence propre et de sens qu'en rapport avec les autres et son environnement. Le collectif, l'environnement naturel et social sont ce qui le définisse.

Peu importe les discours philosophiques à ce sujet, ce qui est pertinent c'est de remarquer que pendant des siècles, des représentations différentes de l'être se sont construites partout dans le monde. Et c'est bien sur la base de ses représentations que se construisent, petit à petit, les visions du monde, les idéaux y compris politiques et sociétaux, les cultures et les traditions.

Pour aller au bout de la démarche, il faudrait, non pas seulement donner la manière dont l'homme, l'individu est compris dans les sociétés orientales, mais aussi comment ce concept a évolué à travers l'histoire. Il peut être espéré que les quelques précisions sur l'importance donnée au collectif d'une part, ou la différence de conception métaphysique de ce qu'est un homme et de son rapport au monde d'autre part, permettent déjà d'avoir l'intuition de ce décalage et des incompréhensions qui en découlent. Citons une anecdote rapportée par un directeur d'un service du ministère de la Justice en Polynésie qui, souhaitant féliciter l'une des agents du service, lui dit : « vous êtes différente ». Dans son esprit, il voulait la valoriser, lui dire qu'elle avait quelque chose en plus professionnellement la rendant capable de mener à bien des projets que d'autres n'auraient pas su faire. Il a vu un regard de panique dans les yeux de la Polynésienne concernée avant de se reprendre et de le dire autrement. Si en occident se différencier, exister pour soi, est souvent recherché, cela n'a aucun sens dans la culture océanienne et devient même angoissant. Pour cette culture ce qui importe est la qualité des liens sociaux.

Les concepts sont lourds de leur histoire passée et impensée par la quasi-totalité d'entre nous. De fait, nous ne voyons pas et ne comprenons pas nécessairement le décalage et ses raisons. C'est la raison pour laquelle les principaux concepts / valeurs / items qui permettent de prendre rapidement conscience des décalages vécus et de les réduire seront développés dans la prochaine section.

Le concept d'individualisme est un impensé qui s'avère très ancré en chacun d'entre nous qui sommes de culture occidentale. Il n'est pas possible de déconstruire l'ensemble des concepts qui nous font créer un décalage sans même nous en rendre compte. Raison pour laquelle nous avons besoin d'une méthode.

N'étant pas tous des philosophes chevronnés, il convient d'observer un modèle proposant quelques dimensions culturelles de manière à accélérer notre compréhension d'une culture étrangère.

Section 2. L'interculturalité

Le but de cette théorie est de permettre d'objectiver ou de comprendre rapidement ce qui fait décalage entre deux cultures en peu de temps. Pour ce faire, des chercheurs ont établi quelques grands concepts / items / valeurs à regarder dans chaque société et ont construit des schémas de comparaison. Moins précis que la démarche anthropologique, elle est cependant pratique en ce qu'elle est immédiatement opérationnelle. Elle est notamment particulièrement utilisée pour préparer les cadres lors d'expériences d'expatriation et leur faire gagner quelques précieux mois d'adaptation.

Les concepts et graphiques utilisés ci-dessous sont ceux de Geert Hofstede (ou ses successeurs) qui a modélisé les items suivants comme étant constants dans toute société et utiles à la compréhension du décalage interculturel.

L'index de distance par rapport au pouvoir : selon Hofstede, « *la distance par rapport au pouvoir consiste en l'acceptation et l'attente, par les membres des organisations et des institutions ayant le moins de pouvoir, de ce que le pouvoir soit distribué de manière inégale* ». Cette dimension ne mesure pas le niveau de distribution du pouvoir dans une culture donnée, mais analyse plutôt le ressenti des gens. Un score faible de distance par rapport au pouvoir indique qu'une culture attend et accepte que les relations de pouvoir soient démocratiques et que ses membres soient perçus comme égaux. Un score élevé signifie que les membres de la société disposant de moins de pouvoir acceptent leur condition et réalisent l'existence d'une forme de position hiérarchique.

Les Kanaks auraient, par exemple, un score élevé à cette dimension interculturelle. Le monde tribal est en effet constitué de clans et de rôles répartis à chaque individu en fonction de son nom de famille (les fonctions au sein de la tribu se transmettent de génération en génération). Selon son nom, il est soit chef, soit porte-parole, soit gardien de la case principale ou du village. Pour un Kanak qui vit de manière traditionnelle, la société hiérarchisée est normale. Mais nous touchons du doigt la limite de l'exercice de cette classification rapide par « dimensions interculturelles » car il faudrait dans cet exemple ajouter le fait que le sens même donné à la hiérarchie et à la fonction de chef diffère entre les

Mélanésiens et les Européens. Mais ne négligeons pas l'apport de cette méthode pour autant.

Individualisme contre collectivisme. « Il s'agit du degré auquel les individus sont intégrés aux groupes ». Cette dimension n'a aucune connotation politique et fait davantage référence au groupe qu'à l'individu. Les cultures individualistes donnent de l'importance à la réalisation des objectifs personnels. Dans les sociétés holistes [1], les objectifs du groupe et son bien-être ont plus de valeur que ceux de l'individu.

Cette dimension renvoie aux développements sur le concept d'individu. Nous avions saisi par la philosophie que les concepts diffèrent d'une culture à l'autre et la notion d'individualisme tout particulièrement. Retenons tout de même, car c'est devenu un lieu commun de le remarquer, que notre société est individualiste. L'exemple de la redistribution des terres Dogons précité répond aussi à cette dimension. Dans la manière traditionnelle de gestion des terres, le collectif prime. Lorsqu'il est fait appel au tribunal de Bamako pour régler le conflit, ce sont les valeurs importées de la colonisation française qui guident la décision et donc les valeurs de propriété privée et d'individu.

L'indice d'évitement – incertitude traduit « la tolérance d'une société pour l'incertitude et l'ambiguïté. » Cette dimension mesure la façon dont une société gère les situations inconnues, les événements inattendus et l'anxiété face au changement. Les cultures qui ont un indice élevé sont moins tolérantes face au changement et ont tendance à minimiser l'anxiété face à l'inconnu en mettant en place des règles rigides, des règlements et/ou des lois. Les sociétés dont l'indice est faible sont plus ouvertes au changement, disposent de moins de règles et de lois, et leurs directives sont plus souples.

---

1. Le terme holiste sera préféré à celui de collectiviste car moins chargé par l'histoire.

À titre d'exemple, le temps du futur n'existe pas en Reo Ma'ohi (polynésien). Les anthropologues disent que les Polynésiens « reculent vers le futur ». Contrairement aux Occidentaux qui conçoivent le temps comme linéaire avec le passé dans le dos et le futur devant soi, les Polynésiens perçoivent le temps (plutôt circulaire, mais c'est un autre sujet) différemment. Ils sont ancrés au présent, le visage tourné vers le passé (il existe des « Battles » de généalogie où le « master » est celui qui a pu, sans être interrompu, replacer la généalogie des personnes présentes le plus lointain dans le passé) et le dos vers le futur. Le futur est la seconde d'après, guère plus.

L'indice de masculinité et de féminité conduit à « la distribution des rôles émotionnels entre les genres ». Cette dimension mesure le niveau d'importance qu'une culture accorde aux valeurs masculines ou féminines stéréotypées. Les valeurs masculines seraient l'assurance, l'ambition, le pouvoir, le matérialisme notamment. Les valeurs féminines seraient les relations humaines ou la médiation par exemple. Les cultures dont le score est élevé sur l'échelle de la masculinité présentent généralement des différences plus évidentes entre les genres et ont tendance à être plus compétitives et ambitieuses. Celles dont le score est bas présentent moins de différences entre les genres et accordent plus de valeur à la construction des relations.

La coutume Kanak répond à cette conception. Les sociétés océaniennes apportent une importance forte à la cohésion sociale et à la qualité des relations entre individus. C'est également le cas de la société tibétaine. Cela impacte de fait directement la manière de gérer les conflits et la place laissée à la médiation et aux palabres par exemple.

L'indice d'orientation à long terme ou d'orientation à court terme. Cette dimension décrit l'horizon temporel d'une société. Les cultures orientées à court terme donnent de la valeur aux méthodes traditionnelles, prennent un temps considérable pour créer des relations et, en général, perçoivent le temps comme circulaire.

Cela signifie que passé et présent sont interconnectés et réduit l'urgence de l'action. L'opposé est l'orientation à long terme, qui perçoit le temps comme linéaire et regarde le futur plutôt que le présent ou le passé. Une telle société vise des objectifs et donne de la valeur aux récompenses.

La comparaison entre la culture occidentale et la culture mélanésienne, pour poursuivre l'exemple de l'Outre-mer français, peut explicitement se faire en ces termes. Les Kanaks prennent le temps de la coutume qui n'est autre que la succession des règles et procédures (et gestes traditionnels) qui permet de renforcer la cohésion sociale de la société. Les discours sur la « fainéantise » des Mélanésiens sont malheureusement classiques. Voyant des Kanaks qui ne viennent pas travailler une journée (sans prévenir), pour qui le travail n'est pas une valeur première, certains pensent que c'est par refus de faire. Or ce n'est pas le cas. Ce qui compte étant la cohésion de la communauté, il est plus important de se rendre au mariage ou à l'acte coutumier que d'aller travailler, surtout si vous avez déjà gagné de quoi vivre les jours qui suivent.

Comme cité précédemment, l'autre exemple est le Reo Ma'ohi (polynésien) où le temps du futur n'existe pas. Le futur est la seconde qui vient, ce qui importe en Océanie est d'être ancré dans le passé. Deux conceptions radicalement différentes qui engendrent tant d'incompréhensions et de jugement de valeur tronqués. Paul Néaoutyine est le président de la province Nord de la Nouvelle-Calédonie et donc un homme politique important à l'agenda bien rempli. À l'occasion du mariage de sa fille, il s'est absenté de ses fonctions trois mois. Ce serait impensable en Europe ! Et ces trois mois avaient pour but de lui permettre de préparer la coutume comme il se doit et de jouer son rôle coutumier. Imaginez votre président de région s'excuser de son absence ne serait-ce qu'une semaine pour se rendre au mariage de sa fille. Donc non, les Kanaks ne sont pas fainéants ou susceptibles d'être qualifiés par quelque autre jugement de valeur. Ils sont attachés à la qualité de la cohésion sociale de leur communauté et sont appelés à ce titre à des coutumes plus importantes que le travail. Dire le contraire c'est juger de leurs valeurs, à partir des nôtres, avec bien sûr l'idée que les nôtres sont supérieures. Pour en terminer avec cette idée, que dirait quelqu'un d'une société pour qui la cohésion sociale est importante (gardons notre exemple des mélanésiens) du traitement réservé à nos « vieux » ? Concernant les maisons de retraite, les éloignements familiaux imposés par la réalité du marché de l'emploi (et de la priorité que nous donnons au travail dans notre hiérarchie des valeurs), n'aurions-nous pas là l'occasion d'être durement jugés ?

L'indice de plaisir et celui de modération. Cette dimension mesure la capacité d'une culture à satisfaire les besoins immédiats et les désirs personnels de ses membres. Les cultures donnant de la valeur à la modération disposent de règles sociales strictes et de normes en dessous desquelles la satisfaction des pulsions est régulée et découragée. En ce sens, le Japon semble être un exemple de culture à forte dimension de modération.

En complément de cette modélisation, les chercheurs ont alors reproduit en graphique les comparaisons entre sociétés. Ils sont utiles pour réaliser une première approche d'une culture nouvelle. Des sites internet [1] permettent d'entrer le nom de deux pays pour voir apparaître ces différentes dimensions comparées.

---

1. Graphiques extraits du site internet https://www.hofstede-insights.com/

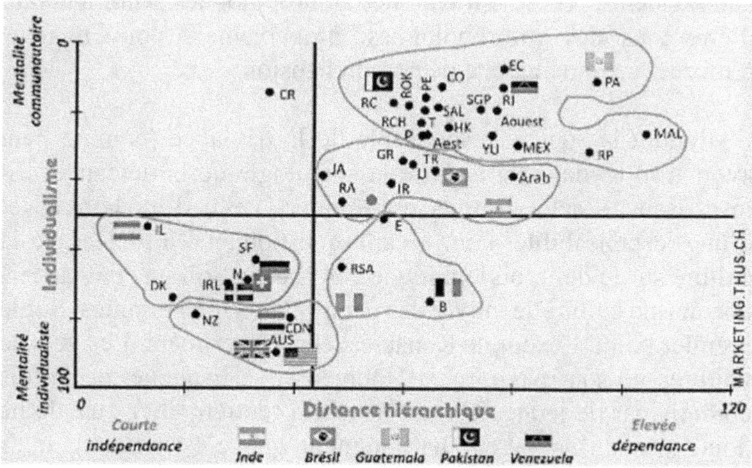

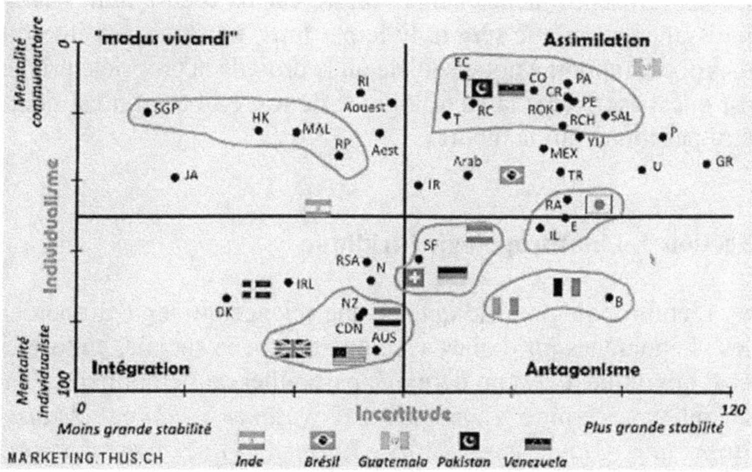

Ces deux graphiques permettent d'illustrer et de se situer par rapport à d'autres pays et cultures sur les dimensions d'individualisme et d'incertitude ou d'individualisme et de distance hiérarchique. Cet exercice est surtout un bon moyen de commencer à se décentrer. L'idéal serait d'être « bilingue » et capable de penser totalement dans une culture puis totalement dans la sienne. C'est le travail des anthropologues. Mais à défaut d'être tous des anthropologues, probablement pouvons-nous renforcer cette démarche de compréhension.

Rendre la société responsable de la déviance (comme peut avoir trop tendance à le faire la sociologie de la déviance) est insuffisant. L'acte commis est toujours celui d'un homme et d'une responsabilité. Pour autant, questionner l'influence de la culture sur le délit, ou le fait que l'infraction soit une déviance à une norme culturelle, ouvre des perspectives intéressantes. Sur le premier point, l'exemple Kanak est encore pertinent. Les vols de voitures ne sont pas rares à Nouméa et sa banlieue, et parfois commis par de jeunes Mélanésiens qui rentrent chez eux. Je ne doute pas qu'ils savent parfaitement que c'est interdit, mais n'oublions pas que la propriété n'existe pas en tribu, que certains jeunes refusent d'acheter une voiture car ils n'en auront pas la jouissance et qu'elle sera utilisée par tous. La force de l'interdit du vol par rapport à notre société où le droit de la propriété privée est quasi sacré (car la suite logique de notre liberté) n'est peut-être pas tout à fait la même.

Section 3. L'anthropologie juridique

L'anthropologie juridique est une science qui tente d'aborder les phénomènes juridiques avec une approche sociale, culturelle et symbolique. C'est un domaine particulier de l'ethnologie. Des chercheurs comme *Henry Summer Maine* [1], *Marcel Mauss, Bronislaw Manilowski, Max Herman Gluckman* [2], *Pierre*

---

1. Juriste et anthropologue passionné par la culture indienne. Il devient vice-chancelier de l'Université de Calcutta, conseiller du gouverneur général de l'Inde, et contribue à la codification du droit indien entreprise par les Britanniques).

2. Il s'est consacré à l'étude des conflits. Il a décrit notamment la procédure et les mises en place des jurisprudences chez les Barotse d'Afrique du Sud.

Bourdieu, *Clifford Geertz* [1], *Norbert Rouland* ou encore *Régis Lafargue* sont souvent cités comme les auteurs majeurs de la discipline.

Les quelques passages ci-dessous écrits par Norbert Rouland dans « *Aux confins du droit* » [2], définissent clairement la discipline : « *L'anthropologie juridique se propose d'étudier les droits des cultures non occidentales, et de revenir ensuite, avec un regard neuf, à ceux des sociétés occidentales. Car, contrairement à ce que l'on croit, il n'est pas nécessairement plus facile d'étudier sa propre société que celle des Pygmées ou des Esquimaux. Nous sommes si immergés dans notre propre culture que bien des façons de penser, bien des normes et des comportements nous paraissent aller d'eux-mêmes. Leur originalité ou leur contingence nous échappant, nous ne voyons pas qu'il s'agit d'autant de clefs à tourner dans leurs verrous. En revanche, nous serons immédiatement saisis par l'étrangeté des compétitions de chants ou des échanges de femmes chez les Esquimaux, sans parler des mariages avec les morts chez les Kikuyu. Et pourtant, nos baisers et serrements de mains, notre façon de placer les convives autour d'une table, la circulation dans le métro, le libellé des annonces immobilières, l'importance de la détention carcérale dans l'échelle des peines, notre définition du droit de propriété, paraîtraient tout aussi étranges, voire « primitifs », à nombre de ces sociétés traditionnelles* ».

L'anthropologie juridique éclaire en ce sens ce que les Dogons font pour réguler leurs conflits et leur vision de notre peine de référence : la prison. Il en va de même selon Régis Lafargue pour expliquer les statuts civils personnels. À partir des travaux de Norbert Rouland, il importe à présent d'examiner le rapport de certaines cultures aux droits de l'homme que peu d'Occidentaux questionnent. Comme évoqué précédemment, ils

1. Il considère le droit non pas comme témoin du savoir local, mais comme la façon de penser le réel.

2. Norbert Rouland, Aux confins du droit, Ed. Odile Jacob, 1991.

sont pourtant le fruit d'une histoire, de notre culture et loin d'être partagés dans le monde entier. Ils sont le socle de notre conception de l'Homme, du droit et de la peine. Qu'en est-il sur ce point, selon Norbert Rouland, pour les cultures africaines, asiatiques, indiennes et arabes ? Après avoir posé le débat de la légitimité des droits de l'Homme et notamment du droit d'ingérence, puis d'avoir évoqué les deux principales thèses en la matière, il écrit : « *La notion de droit elle-même peut-être relative pour les cultures non occidentales sans qu'on doive ipso-facto les qualifier de barbares. Pour elles, l'homme a surtout des responsabilités et des devoirs : envers ses semblables, mais aussi à l'égard des autres êtres vivants et de la nature. (...) On ne voit pas en quoi ces conceptions sont moins nobles que les nôtres. Oui, mais elles peuvent aussi justifier tous les conservatismes, objectera-t-on. Proclamer fidélité envers l'ordre naturel peut en effet conduire à cautionner tous les pouvoirs, même les plus hégémoniques. C'est parfaitement exact, mais en fin de compte peu fréquent. Les sociétés qui adhèrent à cette vision cosmocentrique sont certes réticentes au changement. Mais dans l'histoire de l'humanité, elles sont bien moins coupables que d'autres des grandes entreprises de divertissement : l'occident moderne (à partir de la Renaissance), basé sur l'individualisme, ne peut en dire autant* ».

Au détour de cette expression « basé sur l'individualisme », Norbert Rouland rappelle que les droits de l'Homme sont le fruit d'une histoire dans laquelle l'individu et sa liberté sont premiers comme nous l'avons expliqué. Il poursuit son propos en regardant comment divers continents s'en sont emparés (ou pas). « *Il nous faut donc repenser la dialectique des droits de l'Homme, non plus à partir des rapports entre l'individu et l'État, mais de ceux qu'entretiennent l'ensemble des peuples formant l'Humanité. Attitude qui possède trois avantages. On se rapproche de la réalité : l'homme n'est nulle part un individu isolé, il appartient toujours, à des degrés divers, à un ensemble de groupes dont l'articulation forme un peuple. On adjoint aux droits des devoirs, qui en sont le corollaire obligé : situé dans une hiérarchie (...), l'homme est investi de responsabilités, dont il doit tenir compte. En rendant aux cultures non occidentales un droit à la parole dans les discours des droits de l'homme, on comprend mieux leur message, mais aussi celui de l'occident »* [1].

Si plusieurs pays d'Afrique ont adopté les droits de l'Homme, certains articles insistent sur le devoir des états signataires de la Charte africaine des droits de l'Homme de 1981 de préserver les valeurs culturelles africaines et les traditions reconnues par la communauté. Les modifications peuvent être substantielles. Il précise, par ailleurs, ce qui fait écho avec le développement précédent sur le concept d'individu « *Notre notion d'individu y est difficilement transposable, dans la mesure où elles lui préfèrent celle d'une organisation pluripolaire de la personnalité (souvent différenciée en l'aspect corporel de l'être humain, son esprit et la force vitale qui l'anime) (...). Chaque individu fait partie de plusieurs groupes (...). Ces différentes communautés forment un ensemble politiquement hiérarchisé, dans lequel les rapports sociaux sont conçus en termes de complémentarité, et non d'égalité : l'article 6 de la déclaration de 1789, affirmant que tous les hommes naissent et demeurent libres et égaux en droit, n'a pas ici sa place »* [2].

Concernant l'Asie, et toujours en suivant Norbert Rouland dans ses développements, pour les juristes japonais « *la notion de droits individuels est fort peu définie. La tendance au compromis plutôt qu'au jugement en droit, très prononcé dans le jugement en droit, très prononcé dans tout le continent asiatique, empêche la notion de droits individuels d'acquérir l'importance qu'elle a prise chez nous »* [3]. Avec l'ère Meiji et la transformation rapide de la société qui a eu lieu depuis 1868, la notion de droits individuels a pris un peu plus de force. Pour autant les règles culturelles de comportements traditionnelles (*giri-ninjô*) établies

1. Norbert Rouland, *Aux confins du droit*, Ed. Odile Jacob, p. 204.
2. Norbert Rouland, *op. cit.*, p. 205.
3. Norbert Rouland, *Ibid.*, p. 207.

pour chaque type de relation sociale (patron, père, personne âgée notamment) prédominent toujours.

En Inde il faut comprendre le concept de *dharma* pour poursuivre la réflexion. Il est ce qui donne force et cohésion à tout ce qui existe. « *On peut l'envisager de différentes manières, et voir sa manifestation dans la religion (ce qui maintient l'être en harmonie), la loi (qui unifie les rapports humains), la justice (qui les maintient ensemble), la vérité (ou cohésion interne d'une chose »)* [1]. Dès lors, le droit subjectif, celui attaché à l'individu, au fait d'être Homme, n'a pas beaucoup de sens. En fonction de son sexe, de sa caste, de son âge, l'Homme indien a des obligations propres à son dharma et des droits qui leur sont associés. Ces obligations, loin de ne concerner que les Hommes, concernent les animaux, la nature, le cosmos. L'Homme est la partie d'un tout et, selon sa place, il a un rôle à jouer. La notion même d'individu, telle que nous l'avons rapidement citée dans l'exemple de la philosophie bouddhiste, n'existe d'ailleurs pas en soi (étrange idée pour nous qui avons fait de la substance, le matériel, notre référence), mais est l'ensemble des relations qu'il entretient avec le monde et les autres. Il ne détient donc pas un droit en soi, mais un droit qui est dépendant du système de relations qu'il incarne et donc de sa manière de participer à la société et au cosmos dans une vision holistique. C'est intéressant en ce sens que déconstruire cette notion d'individu relativise le fondement de notre droit. Travailler en situation d'interculturalité nécessite cet aller-retour. Parler de droits et obligations avec un indien condamné, même en langue française, est possible, mais il n'est pas sûr que vous parliez la même langue. Trop de concepts et de représentations, le plus souvent inconscients, entrent en jeu. Rassurez-vous, ce relativisme peut paraître angoissant, mais cela en est justement tout l'intérêt. Une grille de lecture peut permettre de faciliter cet aller-retour et de renforcer notre communication et compréhension afin d'améliorer la

1. Norbert Rouland, *Ibid.*, p. 209.

qualité du travail mené dans une telle situation de décalage (*voir supra*).

Enfin l'islam. Cette phrase de Norbert Rouland, toujours, résonne fortement avec les attentats commis sur le sol français au nom d'un islam radical. « *Avec l'islam – le dialogue paraît encore plus difficile surtout si l'on s'en tient – à tort – aux manifestes radicaux* » [1]. Espérons qu'aujourd'hui la confusion entre l'islam et sa dérive radicale ne soit plus un sujet. Mais de fait, la loi islamique a vocation à s'appliquer au citoyen croyant et sa force ne provient pas tant du statut de l'individu, du fait d'être homme, que de son origine divine. Il est intéressant d'apprendre qu'a été prononcée en 1981 (le 19 septembre) à l'UNESCO par le conseil islamique pour l'Europe à Paris, une déclaration islamique universelle des droits de l'Homme dont tous les articles sont fondés sur des versets du Coran. Elle proclame, après avoir placé Dieu comme genèse du droit, l'égalité entre tous les êtres humains, la liberté de conscience et de cultes, l'exclusion de la responsabilité collective, la condamnation de la torture, principalement.

Pour changer une dernière fois le point de vue sur cette question, quelques pages du livre de Jean-François Revel et son fils Matthieu Ricard, *Le moine et le philosophe* [2] doivent être citées. Jean-François Revel, philosophe et représentant dans ce livre la pensée occidentale en quelque sorte, écrit les lignes suivantes en parlant des droits de l'Homme. « *En Asie court une théorie que l'on appelle celle de la relativité des droits de l'homme et des principes démocratiques ». Des pays comme la Chine, qui est évidemment un pays totalitaire, (...) professent l'idée que les Occidentaux les embêtent avec leur histoire de droit de l'homme et de liberté totale d'opinion, d'expression, de liberté de se syndiquer, de démocratie reposant sur des élections*

1. Norbert Rouland, *op. cit.*, p. 209.
2. Jean-François Revel et Matthieu Ricard, *le Moine et le philosophe*, Nil édition, 1997.

pluralistes. Il existe, selon eux, dans chaque civilisation une conception particulière des droits de l'homme. Il y aurait donc une conception asiatique des droits de l'homme, qui n'aurait pas grand-chose à voir avec la démocratie, et une conception occidentale des droits de l'homme que nous serions invités à garder pour nous ! ».

Matthieu Ricard lui répondra ces quelques mots très éclairants sur la vision bouddhiste du crime, de la société et de l'individualisme : « *La responsabilité de l'individu c'est de préserver consciemment l'harmonie de la société. On ne peut y parvenir que si les individus ne respectent pas les lois par obligation, mais à la lumière d'une éthique à la fois temporelle et spirituelle. On comprend donc qu'une société régie par une tradition de nature plus spirituelle, comme c'était le cas jusqu'à récemment en Inde et au Tibet, attache une importance plus grande au bien-être global de la communauté qu'au respect de l'individualisme à tout prix* ».

L'idée de Mathieu Ricard selon laquelle tous les délinquants du pays devraient respecter la loi non seulement par crainte, mais par conviction éthique, semble difficile à faire entendre en occident. Pour autant, la raison pour laquelle les sociétés orientales (en tout cas celles nourries par le bouddhisme) donnent une importance plus grande au collectif qu'à l'individu, apparaît pertinente.

Encore une fois, peu importe la qualité du raisonnement ou la force explicative du phénomène de délinquance. L'objectif de cet ouvrage est de présenter, de diverses manières, un moyen de se décentrer et d'accéder à un système de pensée, à une culture qui n'est pas la nôtre. Et en retour, il devient alors possible de regarder la responsabilité individuelle, le droit pénal et la prison avec un peu plus de distance et de décalage qu'avant ce « voyage ».

Il ne s'agit donc pas de juger, mais d'essayer de constater des différences en termes de manière de voir le monde, de valeurs, de philosophie et de dire que ces manières de voir sont rarement explicites. Ce serait tout l'intérêt d'une démarche d'ethnoprobation, une démarche où cette capacité à se décentrer pour mieux comprendre le « crime », serait utilisée.

Il convient, maintenant, d'apprécier ce que les modèles criminologiques nous apportent et là où se cache un champ d'amélioration pour le travail avec les personnes qui ont commis des infractions lorsqu'une situation d'interculturalité s'impose à nous.

Section 4. Les modèles criminologiques de désistance

Les théories en criminologie sont nombreuses et malheureusement souvent « de chapelle ». Beaucoup de recherches éclairent certains phénomènes délinquants, mais peu offrent une modélisation opérationnelle aux professionnels qui doivent agir : force de l'ordre, administration pénitentiaire, travailleurs sociaux, enseignants notamment. C'est peut-être la force du modèle « risque-besoin-réceptivité » (RBR) élaboré par Andrews et Bonta [1]. Ce modèle s'inscrit dans un mouvement scientifique qui analyse « ce qui marche » en matière de lutte contre la récidive depuis les années 1960 et plus encore depuis les années 1980. Il s'est construit en réaction aux politiques de tolérance zéro (et également suite à un article d'un chercheur du nom de Robert Martinson [2] qui dira que « rien ne marche » pour réduire la récidive et qu'il est donc inutile d'accompagner les personnes délinquantes). Ce mouvement scientifique va multiplier les études différentielles (avec groupe témoin) et

1. D.A. Andrews, J. Bonta, *le comportement délinquant, analyse et modalités d'intervention*, les presses de l'Enap, Collection savoirs et pratiques criminologiques, 750 p.

2. Robert Martinson, *What works ? Questions and answers about prison reform*, The public interest, pp. 22 à 54.

longitudinales (sur plusieurs années, souvent 10 ans), en isolant autant que possible une variable à étudier. Ces recherches très productives ont donné lieu à des centaines d'études, elles-mêmes réétudiées sous la forme de méta-analyses, leur donnant ainsi une grande légitimité scientifique. En reprenant ces données acquises de la science, le modèle RBR propose aux professionnels de comprendre une situation, une histoire de vie et ses moments de déviances en regardant un certain nombre d'items, somme toute assez évidents. Cette analyse supporte les apports complémentaires et précieux de la psychiatrie ou de la psycho-criminologie comme la mise en liens des différentes sphères de vie (familiale, professionnelle, amicales notamment) au moment du passage à l'acte. Sans entrer dans ces apports, il est plus simplement ici question de présenter ce modèle et de comprendre comment, de manière assez évidente, l'ethnoprobation s'y intègre. Le modèle RBR invite les professionnels à comprendre une situation en regardant soit avec les documents de la procédure judiciaire, soit par des entretiens avec la personne concernée ou son entourage (amis, familles, professionnels), les facteurs de risques confirmés par les données acquises de la science, les facteurs de protection et les éléments de réceptivité, à savoir les capacités cognitives et le mode de communication adéquat.

Les facteurs de risques sont statiques car ils ne changeront plus avec le temps (âge de la première condamnation, antécédents judiciaires, nombre d'incarcérations déjà vécues, temporalité entre chaque infraction, parcours familial, événements marquants notamment) ou dynamiques car ils sont susceptibles d'évolution (attitudes et croyances favorisant le comportement délinquant, environnement relationnel et social, problèmes familiaux et conjugaux, problèmes d'insertion professionnels, absence de loisir et d'activités pro-sociales, toxicomanie et addictions notamment).

Les facteurs de protection confirmés par les « données acquises de la science » sont, par exemple, la maturité (souvent le vieillissement est un excellent allié du criminologue), les événements positifs (comme une rencontre amoureuse), les capacités personnelles de la personne (gestion des émotions).

Les indices de réceptivité sont les capacités cognitives, la maîtrise de la langue ou de la lecture notamment. Cette partie de la modélisation suppose au professionnel de déployer des trésors d'imagination pour s'adapter au mieux à la personne. Une sorte de pédagogie centrée sur la personne comme dirait l'Éducation nationale, une pédagogie Fresnay du délinquant. Or, dans une relation interculturelle, cette question est majeure. Nous avons commencé à comprendre à quel point, même en parlant une langue commune, des impensés et des schémas culturels peuvent créer de l'incompréhension. L'ethnoprobation et la méthode qu'il nous faut encore trouver, s'inscrivent donc logiquement dans le modèle criminologique dominant comme un élément de la réceptivité. Prendre du temps pour connaître un peu de la culture de l'autre permet à la fois de repérer des facteurs de risque et de protection qui n'existeraient pas dans une autre culture (par exemple le schéma de la famille et des personnes-ressources est radicalement différent en tribu Kanak, dans la société matriarcale mahoraise ou à Paris), mais aussi de mieux communiquer entre professionnel et personne suivie. La réceptivité de la personne suivie en sera grandie puisque le professionnel aura une meilleure compréhension de la culture de l'autre.

Le but n'est pas ici de développer les modèles criminologiques disponibles. Cependant il en existe un autre, qui n'a pas la validation scientifique du RBR, né notamment du travail social en Nouvelle-Zélande avec les Maoris. Le modèle, proposé par Tony Ward, est le Good Live Model ou le modèle de la vie bonne. Il est peu cadrant et part du principe que la personne sait ce qui est bon pour elle (et pas forcément ce que la société valorise) et que c'est de cela que le professionnel doit partir pour faire un travail de réduction de la récidive. Partir des besoins de l'autre permet de renforcer la réceptivité de la personne en la plaçant au centre : le professionnel ni n'impose sa volonté, ni ne plaque ses représentations sur la situation. Il travaille avec ce que la personne lui amène.

Les criminologues le savent (les amateurs de la série Mindhunter peut-être aussi), les actes de délinquances sont une réponse inadaptée à un besoin légitime. Le travail du criminologue est alors de réorienter la manière de répondre au besoin. La méthode d'ethnoprobation vise, en ce sens, à bien appréhender ce besoin là où le décalage interculturel le rend invisible au professionnel.

Une fois compris cela, un dernier développement concernant l'analyse du risque s'impose. Le débat est grand. Il est impossible de prévoir un comportement humain. Pour Daniel Kahneman [1], psychologue et économiste, prix Nobel d'économie pour ses travaux sur la prédictibilité du comportement humain en matière économique, le comportement humain ne se prédit pas à l'échelle individuelle, mais prend son sens avec la loi du nombre. Appliqué à notre domaine de compétence, prévoir si un homme va ou non récidiver est un non-sens. Par contre beaucoup de travaux de recherches et d'outils existent pour évaluer un niveau de risque. Ce niveau de risque dit « M. X fait partie du groupe statistique des personnes qui récidivent à hauteur de 20 % ». Pour les tenants de cette thèse, les meilleurs experts psychiatres et psychologues sont capables d'analyse de comportement a posteriori ou de produire des protocoles qui réduisent les risques de récidive, mais prédisent aussi bien le risque que n'importe qui d'autre. La raison serait que l'esprit humain est fait pour évoluer dans un monde complexe, pas pour prédire.

Le Canada utilise dans ses prisons beaucoup d'outils [2] fondés sur ce modèle de criminologie, et qui permettent d'analyser le

1. Daniel Kahneman, *Système 1, Système 2, les deux vitesses de la pensée*, Fammarion.

2. Dont le plus connu et validé scientifiquement est le Level of service / case management inventory (LS/CMI), mais il en existe des centaines.

risque de récidive. Or, nous l'avons vu, le Canada est confronté à la question de l'interculturalité avec ceux qu'il nomme les autochtones ou les « premiers habitants, Inuits et Métis ». Les réflexions à ce sujet sont intéressantes même si elles sont trop lointaines de nous à ce jour pour s'y arrêter longuement. Le passage suivant est extrait du site du service correctionnel du Canada et présente les principales critiques formulées au mode de gestion du risque chez les Autochtones.

« Les problèmes liés à la gestion du risque sont contemporains et directement liés au développement de cette technique actuarielle [1]. (...) Plusieurs études ont été réalisées pour rendre les résultats obtenus par les divers outils d'analyse du risque représentatifs de la réalité. Cela pourrait porter à croire que des outils spécifiques ou adaptés aux réalités autochtones existent et sont chose courante. Or, tel n'est pas le cas, car les Autochtones sont soumis aux mêmes outils que les non-Autochtones. L'une des seules études sur la gestion du risque pour les Autochtones jusqu'à maintenant est celle qui a été réalisée par Bonta & coll. (1997). Selon les chercheurs, l'Échelle d'évaluation de risques et des besoins du Manitoba (ERBM), est tout aussi prédictive auprès des Autochtones que des non-Autochtones, exception faite des facteurs « problèmes familiaux/conjugaux » et « école/emploi » qui auraient une meilleure valeur prédictive pour les non-Autochtones. Ces conclusions appuient la perspective théorique d'Andrews et Bonta (1994) selon laquelle les principaux facteurs de risque sont généralement indépendants de l'origine raciale et de la culture. Bien sûr, ces conclusions ne font pas l'unanimité dans la communauté scientifique. La plus grande critique formulée à cet

1. La méthode actuarielle est une méthode statistique. Elle est par exemple utilisée par les assurances pour définir les tarifs selon le niveau de risque que le client fait prendre à l'entreprise. Les critères seront l'âge, le sexe, le nombre d'accidents passé (facteurs statiques), mais aussi la couleur de la voiture (une voiture rouge coûtera plus cher à assurer car statistiquement plus d'accidents ont lieu avec des voitures rouges), les chevaux fiscaux, le bonus / malus (facteurs dynamiques).

égard par les populations autochtones, c'est que les outils utilisés, notamment le LS-CMI, outre le fait qu'ils ne tiennent pas compte de leurs spécificités culturelles, les défavorisent dès le départ compte tenu de leur situation sociale largement défavorisée sur le plan socio-économique. Généralement, les Autochtones détenus dans les pénitenciers obtiennent des niveaux de risque plus élevés que les autres détenus » [1].

L'Administration pénitentiaire a engagé une réforme méthodologique de la filière insertion et probation fondée notamment sur le modèle RBR et l'entretien motivationnel. Ce dernier, initialement utilisé par les soignants en addictologie et étendu à bien d'autres domaines depuis, vise à mener l'entretien de la manière la plus efficace pour susciter une ambivalence (un doute) qui devra être entretenue par le professionnel et générer une envie de changement chez la personne. La méthode a fait ses preuves. Un tel objectif de créer de l'ambivalence, l'entretenir, soutenir une démarche de changement est à l'évidence possible avec quelqu'un qui n'a pas la même culture que le praticien. Le cadre de l'entretien motivationnel, sa logique ne change pas. Mais les arguments de fond seront aisément renforcés par la démarche que nous proposons.

Les méthodes actuellement déployées en France pour accompagner les délinquants peuvent faire diminuer le nombre de récidives de 10 % et jusqu'à plus de 35 % dans des conditions idéales [2]. Potentiellement nous parlons de 10 à 30% de victimes en moins, de 10 à 30 % de personnes en moins dans les circuits de la justice pénale et donc de temps en plus pour travailler avec les autres personnes placées sous main de justice (PPSMJ). Il s'agit là d'un cercle vertueux.

---

1. https://www.securitepublique.gouv.qc.ca/services-correctionnels/publications-et-statistiques/profil-autochtones-2007-2008-1/en-ligne.html.

2. L'administration pénitentiaire met en œuvre la méthode dite RBR (risque, besoin, réceptivité) déployée dans de nombreux pays et formalisée par D.A. Andrews et J. Bonta.

Section 5. L'ethnopsychiatrie

L'ethnopsychiatrie est un domaine de recherche qui partage ses méthodes avec la psychologie clinique et l'anthropologie culturelle. Elle est en quelque sorte à la psychologie, ce que l'anthropologie juridique est au droit. Il s'agit pour nous d'une nouvelle et dernière occasion de se décentrer sur les questions des crimes et délits, sur celle de la criminologie. Ce domaine de recherche a été fondé par Georges Devereux. Le principe de l'ethnopsychiatrie est d'inclure la culture dans le traitement de la souffrance et de la pathologie mentale. Tobie Nathan, son successeur, évoque lui aussi la question des droits de l'homme. Dans *l'influence qui guérit* [1], il raconte par exemple, comment il organise des consultations en invoquant les esprits, en faisant venir les sorciers, en utilisant les rites, les amulettes, les os de poulet qui sont ceux de la culture d'origine de la personne rencontrée. Le but est de donner du sens à la pathologie afin de pouvoir avancer avec le patient, devenu très acteur de la consultation. « *Lorsqu'il s'agit de soigner des malades issus d'Afrique, du Maghreb, des Antilles, les guérisseurs, malgré l'irrationalité de leurs pratiques, sont bien plus efficaces que les médecins armés de leur science* ». Un tel constat est-il vérifié scientifiquement ? Il demeure que l'intuition est intéressante. La psychologie travaille à redonner du sens à des patients en souffrance. Mais comment obtenir ce sens alors que les référentiels sont parfois radicalement différents ?

Citons à présent une situation où des éléments d'interculturalité apparaissaient, mais n'ont pas été exploités. Pour des raisons d'anonymat, un certain nombre d'informations, ont été modifiées. Un jeune homme d'une famille buschinengué (en Guyane) avait assassiné violemment un membre de sa famille et était emprisonné en attente du procès avec la promesse d'y rester longtemps. Les expertises étaient inquiétantes notamment relativement au plaisir qu'il a pris lors du passage à l'acte.

1. Tobie Nathan, *L'influence qui guérit*, Ed. Odile Jacob, 1994.

Lorsque nous reconstituons le parcours de l'intéressé, il s'agit comme souvent, d'une histoire chaotique faite de placement dans l'enfance, de ruptures et d'une famille criminogène où les violences en tous genres sont fréquentes. À ce tableau s'ajoutent des croyances de sorcellerie présentes dès l'enfance et qui reviennent dans plusieurs rapports de professionnels qui l'ont rencontré sans qu'aucun ne développe ce sujet. Creuser cette question n'aurait certainement rien révolutionné du travail fait avec ce jeune homme. Sans doute car les professionnels jugeaient cela irrationnel (ou ne se sentaient pas suffisamment armés pour le faire), personne n'a creusé ce sujet avec lui. Comment replace-t-il le crime dans son système de croyances ; est-il responsable en premier chef ou guidé par les esprits ; quelle symbolique, fût-elle de sorcellerie, donne-t-il à son acte ? Si nous voulons le faire avancer et qu'une partie de l'explication se trouve pour lui dans la sorcellerie, pourquoi ne pas s'y intéresser et y mettre du sens ? De la même manière, la folie est souvent vue en Polynésie, en Nouvelle-Calédonie (en tribu) et certainement dans bien d'autres endroits (le bocage normand ?) comme un ensorcellement. Une étude de Benjamin Goodfellow sur le suicide en Nouvelle-Calédonie questionne cette conception. La conséquence étant que la maladie mentale est acceptée en tribu car elle est perçue dans un cadre de sorcellerie et donc prise en charge par la collectivité. Mais c'est aussi la raison pour laquelle elle n'est pas soignée en hôpital car non repérée comme pathologie.

Voici un extrait très tranché et très critique de Tobie Nathan sur les droits de l'homme. Il faut bien comprendre que sa conception s'appuie sur des centaines de consultations ethnopsychiatriques. Il a donc réalisé des allers et retours entre différentes cultures. Ce passage fait écho aux réflexions que nous avons menées avec la philosophie puis l'anthropologie juridique à propos de la relativité des droits de l'Homme. En ce sens l'universalité des droits de l'homme est peut-être l'un des mythes de la culture occidentale.

« Les meilleurs de nos penseurs sont aveugles. Les droits de l'homme et du citoyen – et leur avatar en cité moderne que sont

« le droit à la santé » ou le « droit des enfants » - qu'ils défendent à cor et à cri, sont une véritable machine de guerre contre les peuples du tiers-monde. Au nom de ce droit, on intervient dans les familles, on vole les enfants, on les passe à la machine à uniformiser, cette pensée à la violence mécanique et glacée. Droit de l'homme ? Allons donc ! Et pourquoi ne parlent-ils jamais du droit des dieux, du droit des ancêtres, du droit des fétiches dont est fait le noyau des humains ? Non ! Ils ne défendent pas les hommes ! Tout ce qu'ils souhaitent c'est qu'un individu singulier, un de plus, vienne se soumettre à son tour à la nouvelle foi qu'ils défendent avec un zèle fanatique » [1].

Sans pour autant partager totalement cette réflexion, il demeure pertinent qu'un auteur, une fois de plus, relativise un pan de notre culture après en avoir analysé beaucoup d'autres.

Pour conclure sur ces cadres théoriques, il est incontestable qu'ils sont autant de pistes permettant de décentrer notre approche de la criminologie, mais supposent, pour chacun d'entre eux, d'être investis. Il est clair que les quelques éléments ci-dessus sont insuffisants. Pour autant ils me paraissent intéressants en ce que chacun, en fonction de sa sensibilité, de ses études, de sa façon de penser, peut trouver un accès adapté à cette démarche : soit par le droit, soit par la psychologie soit par les dimensions culturelles assez ludiques de Hofstede, soit par les rencontres et les témoignages. Comme évoqué dans l'introduction de ce livre, il s'agit bien entendu d'une niche, mais d'une niche qui me paraît pouvoir être investie et utile aux professionnels.

---

1. Tobie Nathan, *op. cit.*, p. 295.

Chapitre 3

Témoignages et outils : la pratique de l'ethnoprobation

L'objectif de cette dernière partie est de donner des exemples vécus de situations interculturelles, si possible dans le domaine de la criminologie, en analysant les éléments de communication interculturelle ou de dimensions culturelles, et les valeurs que nous avons évoquées. Ce n'est pas un outil qui sera proposé, mais des pistes de réflexion à envisager pour reconstruire un parcours délinquant en tenant compte de la dimension culturelle.

Cet ouvrage invite à se décentrer et, pour cela, le seul outil est insuffisant. Il permet d'accompagner un effort intellectuel et d'ouverture. Il ne remplace pas une démarche personnelle qui demeure nécessaire. J'ai côtoyé des personnes incapables de cet exercice, le plus souvent très sûres d'elles-mêmes et remplies de vérités immuables. Pourtant dotées d'une excellente mémoire et d'une grande vivacité d'esprit, elles sont d'une telle rigidité que se décentrer leur est tout simplement inaccessible. Trop angoissant sans doute. Rien de plus dangereux que les personnes qui savent, qui ont une vérité et cela à tout niveau : dans la délinquance, le cas caricatural est celui des personnes qui se sont radicalisées (sectes, islamisme religieux, radicalisation politique notamment).

Section 1. Témoignages

Témoignage 1 : exemple d'interculturalité dans les médias grands publics

Le premier exemple est loin de la criminologie. Il porte sur l'émission de télévision The Voice, à l'occasion de l'audition d'un chanteur Kanak. Des candidats se succèdent pour convaincre un jury jusqu'à ce qu'il n'en reste plus qu'un. Ce chanteur se nomme Gulaan et présente un très beau chant traditionnel arrangé par lui. Il émeut le jury et fait plusieurs passages dans l'émission jusqu'à son élimination. À l'occasion de l'un de ces passages et au terme de sa prestation, il regarde le sol pendant qu'il est applaudi par la salle. Le présentateur lui demande de regarder le public ce qu'il fait avec difficulté. Ce moment apparemment anodin est en fait une scène d'incompréhension interculturelle potentielle. Dans la culture mélanésienne, on ne regarde pas dans les yeux par signe de respect. Rappelons, nous l'avons vu à l'occasion du modèle de Hoftede, que la culture Kanak est très hiérarchisée. Dès le premier âge, chacun apprend à parler quand c'est à lui de le faire, chacun apprend à se taire quand un membre de la famille de chef (petit ou grand) est présent. Il existe un rituel, avant d'entrer chez un Kanak, qui consiste à présenter « une coutume » (bout de tissu à l'intérieur duquel on met de l'argent ou non) et en regardant le sol en sollicitant qu'un chemin soit ouvert entre deux personnes, deux familles. À l'inverse, regarder une personne dans les yeux revient à lui « déclarer la guerre ». Pour illustrer cette différence culturelle, lors d'une visite en prison en Nouvelle-Calédonie, le seul détenu Kanak qui m'a regardé dans les yeux, m'a menacé de mort la seconde qui suivait alors que je pensais qu'il venait échanger. Bel exemple d'incompréhension. Donc en insistant pour que Gulaan regarde le public, le présentateur a nécessairement créé un conflit chez le chanteur qui sait bien que les codes de la métropole, et plus encore de la télévision, sont différents. Mais dans l'émotion, son réflexe est de respecter le public en baissant les yeux, ce qui est probablement interprété par le public et le présentateur comme de la timidité.

Témoignage 2 : exemple d'interculturalité vécue en prison

Dans la même logique, mais cette fois-ci dans un cadre professionnel et en prison, je suis contacté par un ami qui travaille avec quatre personnes détenues Kanaks. Il peine à communiquer et me contacte pour en discuter. Je lui explique les prémisses de ce que je comprends des codes, l'invite à travailler la terre, la sculpture, le dessin tant il est fréquent que les Mélanésiens ont des talents dans ces matières. Il me rappelle six mois plus tard en me précisant que la communication s'est considérablement améliorée avec lui et les personnels de surveillance dès lors qu'ils ont compris que l'absence de regard était un signe de respect et de non de désintérêt. Ce même collègue a trouvé une espèce d'igname qu'il peut planter sans craindre le climat local et organisera certainement, avec le concours des personnes détenues concernées, une coutume de l'igname [1]. Je précise bien entendu que ça ne règle pas tout, qu'on ne lutte pas contre la récidive de crimes et délits comme cela. Mais les avancées sont toujours de petits pas en la matière, et c'est un pas, peut-être même un premier pas, qui peut en engendrer d'autres.

Témoignage 3 : exemple d'interculturalité relaté par Bruno Saura

Le troisième témoignage nous ramène vers la criminologie. Je le tire de la lecture du livre de Bruno Saura, *Des Tahitiens, des Français, leurs représentations réciproques aujourd'hui* [2]. Il explique que « *le comportement que l'on manifeste à l'égard des prisonniers fait partie de ceux pour lesquels la différence avec les valeurs et les pratiques occidentales est la plus grande* ». Avant cette anecdote pleine de sens, l'auteur rappelle que les animateurs des radios locales saluent tous les jours les prisonniers, les malades dans les hôpitaux et les personnes qui voyagent en mer, c'est-à-

1. L'igname est la plante symbolique de l'homme, le taro celle de la femme. La culture de l'igname rythme le calendrier d'une année déterminant, selon qu'il faut le planter ou le ramasser : la période des mariages ou des constructions des cases.

2. Bruno Saura, *Des Tahitiens, des Français, leurs représentations aujourd'hui*, Ed. Tahiti, Au vent des îles, 1998, pp. 67 à 70.

dire tous ceux qui sont loin de leur famille. Une condamnation n'efface pas les qualités humaines d'un individu. Les lecteurs de Foucault savent que les lieux d'enfermement en France ont eu pour rôle soit de contenir au sein de la société (les prisons de centre-ville) soit l'exclusion (les léproseries). Pour le philosophe, ce choix en dit long sur le type de pouvoir exercé. Les Tahitiens ne perçoivent pas celui qui est allé en prison comme un mauvais homme. Il est quelqu'un qui a fauté ou fait une erreur (selon que l'on y met ou non un sens religieux) comme cela peut arriver à tout le monde. « *La prison n'enlève rien à ses qualités, ni n'ajoute à ses défauts* » [1]. Puis il raconte l'histoire d'un détenu transféré (« *d'une île éloignée de Tahiti* »), emmené vers l'avion par des gendarmes, menottes aux poignets pour des accusations « *vraies ou fausses, mais qui auraient suffi à faire de lui un paria en occident* ». Ce Popa'a [2] est reparti avec des dizaines de colliers de fleurs comme autant de témoignages de gratitude pour le travail réalisé sur l'île. Cet exemple est particulièrement intéressant en ce qu'il montre une conséquence concrète et appliquée à notre domaine d'étude, d'un comportement social différent de la métropole en raison de valeurs (non explicites). Bruno Saura évoque un humanisme propre à la culture polynésienne. La patrie des droits de l'homme est la France et l'humanisme lui est souvent associé. Mais en ce qui concerne les comportements sociaux (non pas les normes de protections des individus, mais bien la norme sociale), c'est en Polynésie que l'on rencontre un humanisme qui pourrait peut-être choquer ou gêner. Il doit en tout cas questionner.

Acceptons maintenant une digression. La France développe des dispositifs de rencontres entre auteurs et victimes, soit directes (d'une même affaire, mais c'est rare), soit indirectes. Le principe de ces rencontres est de permettre (dans un cadre sécurisé et encadré par des professionnels de la justice et des associations d'aide aux victimes) d'apporter des réponses aux victimes et de

1. Bruno Saura, *Des Tahitiens, des Français, leurs représentations aujourd'hui*, éditions Tahiti, Au vent des îles, 1998, p. 68.

2. Nom donné par les Polynésiens aux étrangers ou aux blancs nés en Polynésie.

responsabiliser les auteurs. Le procès, avec trop d'enjeux et trop proche des faits, ne le permet souvent pas ou seulement partiellement. Ces rencontres font écho aux procès traditionnels précédemment présentés. Une fois la parole épuisée, il ne reste que les hommes, que des morceaux d'humanité crue. Aussi contre-intuitif et choquant que cela puisse paraître, tous les groupes que j'ai suivis ont vécu l'expérience complexe de parcours de vie pouvant se répondre entre auteurs et victimes, de prise de conscience soudaine que des auteurs ont pu être des victimes et parfois des victimes auteurs de faits douloureux. Bref un humanisme pragmatique que je prête très volontiers aux professionnels du monde carcéral, surveillants pénitentiaires en premier lieu, quel que soit les orientations politiques et religieuses des intéressés. En dehors des enjeux pour la société et les victimes, la réalité crue des hommes, un humanisme pragmatique, existe. Pour faire le lien avec le témoignage de Bruno Saura et pour avoir eu à convaincre autant des professionnels de la justice que des associations de la métropole, la justice restaurative n'est pas une évidence dans notre culture. D'ailleurs, elle n'en est pas le produit. Lorsque cette pratique en Océanie a été expérimentée, l'accueil a été immédiat tout en précisant que cela se fait déjà. La pratique est acceptée, ce qui l'est moins ce sont les procédures pour sécuriser les dispositifs bien qu'il n'y ait rien d'insurmontable. Lorsque nous l'avons testé en Nouvelle-Calédonie, 70 personnes détenues ont souhaité y participer (contre laborieusement 3 lors de la première expérimentation en région parisienne). La pratique fait écho à la palabre (voir le document reproduit ci-dessus sur la punition chez les Kanaks de Lifou et la justice restaurative [1]) et à la coutume là où le procès est extérieur et au mieux incompris ou, au pire, dénié.

1. Voir *Supra*, pp. 37 à 39.

Section 2. Exemples d'outils utilisables pour une démarche d'ethnoprobation

Encore une fois, je ne crois pas qu'il y ait un outil qui fasse le travail. Certes, chacun s'appuie sur des capacités personnelles à se décentrer pour mieux comprendre, mieux communiquer et donc mieux agir. Pour autant, au-delà du travail de Hofstede présenté ci-dessus, qui me semble être une première approche assez opérationnelle, il est possible de se doter d'outils ou de trames permettant d'accélérer cette démarche. En voici deux.

Exemple d'outil 1. Le Test d'intégration différentielle des conflits : TIDC

Un nom compliqué pour un test qui peut être très utile et utilisé de deux manières différentes. L'une est simple et accessible à tous alors que l'autre, plus complexe, est réservé aux psychologues. Le TIDC est un test psychologique composé de 16 images. Chacune de ces images représente une scène pouvant donner lieu à un conflit. Par exemple une voiture éclaboussant un passant sur le trottoir ou une personne ayant renversé un vase dans une pièce.

1. 2.

Le test présente quatre séries de quatre images et invite la personne qui le passe à se projeter dans une situation frustrante et potentiellement conflictuelle. Chaque série teste la personne sur une sorte de frustration : lorsque c'est la Loi qui l'impose (que la cause est extérieure), lorsque c'est une personne qui l'impose (votre conseiller d'insertion et de probation, votre directeur) ou lorsque c'est nous-mêmes qui nous l'imposons (la morale). Il s'agit d'un test projectif dans la mesure où la personne répond ce qu'elle veut et est mise en situation par l'image.

Il est alors possible de le faire passer soit par un psychologue qui analysera les réponses selon un système complexe de notation, soit plus simplement par un conseiller, un éducateur ou un évaluateur qui verra assez rapidement si la personne est en mesure d'évoluer sur ces sujets ou est très rigide.

En criminologie, ce test peut-être utile pour tester la frustration (et comprendre la cause des réactions de colère et de violence par exemple), mais aussi et surtout pour observer si la personne est en capacité de modifier ses choix et d'avancer. Le test est en effet passé deux fois. La première fois avec la simple consigne de se mettre à la place de l'un des personnages de l'image et de proposer une réponse. Prenons la situation où une voiture roule à mes côtés dans une flaque d'eau et m'éclabousse. Ma première réponse sera sans doute l'énervement et l'insulte. À la deuxième passation, il m'est demandé de tenter de proposer une autre réponse. Je réponds alors que je prends le temps de discuter avec le chauffeur pour trouver une solution négociée du problème. J'ai avancé et suis certainement en capacité d'apprendre des compétences sociales qui vont m'aider à réduire ma violence. En terme criminologique, ma réceptivité est testée et dans mon cas elle montre une capacité à avancer. Je me verrai certainement proposer un groupe de parole avec des pairs délinquants qui me feront prendre conscience de mon fonctionnement et de stratégies d'évitement pour le contenir. Mais il est aussi possible que, lors du test, la personne réponde systématiquement la même chose à chacune des images lors des deux passations. Le travail consistera à suggérer à la personne d'autres réactions possibles.

Ce test a été inventé par Rosenzweig en 1947. Il a été repensé par Loïck M. Villerbu en 1969 puis 1993 [1]. Mais en quoi est-ce qu'il permet d'aider à la question qui nous occupe ? En montrant assez rapidement la capacité du sujet à se décentrer, il semble intéressant pour sensibiliser et former un professionnel à l'interculturalité. Se prêter à cet exercice avec une personne sensibilisée à faire passer le test, permet de conscientiser sa souplesse ou sa rigidité, mieux appréhender sa capacité à changer d'avis et à évoluer et donc améliorer sa capacité à se décentrer. Bien qu'orienté sur la gestion de la frustration et la résolution de conflit, il apparait opérationnel pour avancer sur le sujet qui est le nôtre et se questionner soi-même pour mieux travailler avec un Autre. Un Autre à l'égard duquel le professionnel peut avoir envie de se mettre à distance relativement aux actes commis. C'est donc en quelque sorte un exercice entre le professionnel et lui-même qui pourrait être proposé à celui qui est intéressé par cette démarche et comme un outil qui permettrait un temps réflexif.

Enfin, comme d'autres tests projectifs, les images du TIDC pourraient être adaptées à d'autres réalités sociales. Si l'exemple du train est inopérant en Polynésie, situer la personne qui fait le test dans un bateau ou une pirogue pourrait avoir du sens. Ce serait là, une démarche d'ethnoprobation.

Exemple de test 2. Trame d'analyse interculturalité et criminologie

À l'occasion de la présentation des diverses théories qui permettent d'aider à cette démarche de décentrement, il a été remarqué que Hofstede propose de placer sur des graphiques chaque pays / culture en fonction des domaines qu'il extrait comme étant essentiels.

---

1. La thèse de L. M. Villerbu est de 1969 où il reformate le test de Rosenzweig. La formalisation axiologique est de 1993. L. M. Villerbu déplace une théorisation des stress et des émotions vers une axiologie systémique et structurale de l'intégration des conflits.

Il convient de présenter ici le travail de Michel Sauquet et Martin Vielajus [1] sur l'intelligence interculturelle qu'ils adaptent au management interculturel. Richard Balme, qui rédige la préface, résume leur démarche ainsi : l'intelligence interculturelle « *n'est évidemment pas un catalogue de recettes prêtes à l'emploi pour voyageur pressé, ni même un protocole d'analyse gravé dans le marbre du chercheur en sciences sociales. C'est bien plutôt d' une démarche réflexive, nécessairement interactive et collective qu'il s'agit* ». Eux-mêmes décrivent leur travail comme « *une démarche de vigilance et de curiosité, d'une tentative de compréhension des logiques de ceux de nos partenaires de travail dont la culture, les modes de pensée, les façons de fonctionner sont différents des nôtres* » [2]. Ce sera l'occasion de rappeler une nouvelle fois que cette démarche existe partout, probablement car la réalité sociale l'impose, alors pourquoi ne pas la mener dans le domaine de la criminologie ? Il est opportun de puiser dans leur démarche pour en faire un outil, sorte de trame à passer en revue pour aborder les situations interculturelles en ayant réfléchi aux 15 thèmes qu'ils proposent en 130 questions (dont quelques-unes seulement sont retenues ici). Les 15 thèmes que les auteurs passent en revue et à même de jouer dans la relation interculturelle sont :

- la religion, la tradition et l'Histoire ;
- l'Homme et la nature ;
- le temps ;
- l'espace ;
- la maladie et la mort ;
- l'identité et les statuts ;
- l'individuel et le collectif ;
- le rapport à la différence ;
- les statuts sociaux, le prestige social ;

1. Michel Sauquet, Martin Vielajus, *L'intelligence interculturelle, 15 thèmes à explorer pour travailler au contact d'autres cultures*, Ed. Charles Léopold Meyer.

2. Michel Sauquet, Martin Vielajus, *op. cit.*, p. 16.

- le masculin et le féminin ;
- le sens donné au travail ;
- le désaccord et le conflit ;
- le rapport à l'argent ;
- les modes d'organisation ;
- les langues et les modes de communication.

Un résumé parfait quant à notre démarche se trouve dans le passage ci-dessous de ces auteurs qui, par contre, ne questionnent pas le « fait criminel ». « L'interculturel touche à des dimensions très différentes : la diversité peut être d'abord d'ordre « civilisationnel », géographique, régional ou ethnique. On la rencontre partout : dans les écoles, les établissements sanitaires et sociaux, les entreprises aux équipes multinationales, les administrations, etc. C'est la diversité culturelle la plus évidente, sans doute l'une des plus prégnantes, et c'est la dimension abordée le plus souvent, bien sûr, dans ce guide. Mais la rencontre des cultures se situe également dans bien d'autres registres ; elle peut intervenir :

- entre cultures professionnelles : « l'étrange étranger », avec ses références, ses valeurs, ses objectifs, son langage, n'est pas forcément d'une autre nationalité. Comment, dans un même pays, imprégnés de leur éducation et de leur culture propre, un haut fonctionnaire et un artiste, un commercial et un ingénieur, un enseignant et un éleveur dialoguent-ils ? À quels malentendus se heurtent-ils ? Comment trouvent-ils un langage et des repères communs pour travailler ensemble ?

- entre cultures institutionnelles : passer du langage des ONG à celui de l'entreprise, ou à celui des agences des Nations unies, permet de mesurer à quel point, d'un type d'institution à l'autre, le vocabulaire, la désignation des mêmes objets et des mêmes processus peut être différent. Entre ces mondes professionnels, la perception du rôle des relations humaines, le rapport au temps, à l'argent, à la hiérarchie peuvent varier du tout au tout. Nous l'avons constaté dans nos propres parcours professionnels ;

- entre cultures générationnelles : entre jeunes et seniors, quelles différences dans les visions du temps, du travail, quel rapport à la technologie, quelles cultures communicationnelles ? (…).

- entre cultures sociales : l'histoire sociale de chacun, son milieu d'origine, familial, éducatif, tout ce qui a construit ses réflexes, dès le début de sa vie, cet habitus que nous avons évoqué plus haut, voilà qui constitue également un élément central des différences culturelles et des sources possibles d'incompréhension. Le danger serait donc de « folkloriser » l'enjeu interculturel autour des seules cultures nationales. La réalité est celle d'une interaction permanente de ces différentes sphères culturelles (professionnelles, régionales, organisationnelles, générationnelles…) qui cohabitent et se trouvent en plus ou moins grande contradiction, chez chacun de nous » [1].

Le but d'une telle démarche est d'éviter ce que Michel Sauquet et Martin Vielajus nomment « la stratégie ou le réflexe inconscient du bulldozer « qui consiste à imposer à l'autre ses propres vues et ses propres méthodes, à dénier la pertinence de l'adaptation de ces méthodes aux caractéristiques humaines et culturelles locales ; à imposer des cultures d'entreprise monolithiques ; à promouvoir des approches uniques de mise en œuvre de la justice ou du pouvoir politique[2]. » Il convient davantage de promouvoir le dialogue interculturel comme une adaptation et une hybridation des pratiques et non comme une stratégie de persuasion.

Comprendre la justice restaurative à l'aune de cette conception est intéressant, c'est-à-dire comme une hybridation de pratiques judiciaires entre cultures. En ce sens, la justice restaurative est une incorporation en droit français et dans la

---

1. Michel Sauquet, Martin Vielajus , *op. cit.*, pp. 22-23.
2. Michel Sauquet, Martin Vielajus, *op. cit.*, p. 29.

culture de la République française de ce qui se fait de meilleur dans d'autres cultures en matière de justice et de résolution de conflit. Elle est un exemple réussi d'apport d'un modèle de justice autochtone à la justice française.

Afin de proposer un outil de travail, le tableau ci-dessous réinterroge certaines des thématiques de Michel Sauquet et Martin Vielajus, à l'aune de questions criminologiques.

Thématiques	Questions du thème	Questions criminologiques	Citations / éléments d'explications
I. Religion, tradition, histoire	*Question 1 :* La personne a-t-elle une démarche religieuse (avec des rituels et des conceptions de l'ordre du sacré) ou spirituelle (un développement de l'être humain et une pratique éthique mais non nécessairement en lien avec un dieu : le bouddhisme par exemple) ?	Cette démarche religieuse ou spirituelle est-elle un facteur de risque ou au contraire un facteur de protection quant au risque de récidive ? La pratique religieuse peut-être résolument protectrice. Elle peut aussi être un facteur de risque lorsque la conception de la religion est radicale et pousse aux crimes.	
	Question 2 : Quelle est la prégnance du religieux pour la personne et pour le professionnel ?	Existe-t-il un référent religieux ou spirituel aux côtés de la personne qui la pousse vers la délinquance ou l'en écarte ?	
	Question 3 : La personne a-t-elle connaissance du droit coutumier ou des codes rituels ?	Existe-t-il des pratiques infra-judiciaires et infra-policières qui permettent de réguler des conflits efficacement ?	*« On peut évoquer par exemple le comportement d'un jeune Malien en cas de carambolage en brousse. S'il connaît le conducteur qui l'a heurté, ou s'il peut détecter son ethnie, il va peut-être actionner la pratique traditionnelle de l'« alliance à plaisanterie » qui unit des ethnies, clans ou familles et les autorise à se moquer ou à s'insulter mutuellement, et ce sans conséquence ; ces affrontements verbaux*

			étant en réalité des moyens de décrispation sociale. Si en revanche il ne connaît pas son interlocuteur et ne peut pas débloquer la situation par cette pratique traditionnelle, il va recourir à des moyens plus « modernes » comme le constat ou l'intervention de la police. De la même façon, on tentera en Afrique de l'Ouest de régler d'abord un conflit foncier par le recours aux autorités traditionnelles et religieuses avant de songer à se tourner vers la « modernité » des tribunaux officiels[1] ».
	Question 4 : Est-ce que l'histoire de la culture à laquelle la personne s'identifie est marquée par le conflit avec la culture occidentale ?	L'acte commis est-il expliqué / justifié / légitimé par la personne par une réponse à l'histoire ? Par exemple, certaines dégradations faites par de jeunes Kanaks sont justifiées par le slogan « la France paie » et renvoient à l'illégitimité estimée de la France sur le territoire.	*« Dans bien des pays de l'ex-empire colonial français on observe encore, plus d'un demi-siècle après les indépendances, des réactions d'une grande ambiguïté, attribuant au « blanc » un pouvoir ou un savoir-faire souvent supérieur à la réalité, mais aussi en mettant continuellement en doute ses intentions, et en lui attribuant a*

1 . Michel Sauquet, Martin Vielajus, *L'intelligence interculturelle, 15 thèmes à explorer pour travailler au contact d'autres cultures*, édition Charles Léopold Meyer, p. 51.

			priori une stratégie néocoloniale. *L'Éthiopie est un pays réputé pour n'avoir jamais connu d'autre colonisation que celle, très brève (1935 à 1941) de l'Italie mussolinienne. Pour cette raison, le rapport au blanc, au « farendj », se caractérise par une relative indifférence (...* [1]*»*
II. L'homme et la nature	*Question 5 :* Quelle est la conception de la terre et du sol ?	Le lieu de vie de la personne est-il un facteur de protection (ferme familiale ou au contraire lieu en rupture avec l'histoire familiale).	Pour continuer à prendre l'exemple que nous avons développé de la Nouvelle-Calédonie : « *En Nouvelle-Calédonie par exemple, la terre représente pour les Kanaks bien plus qu'un seul périmètre foncier. Elle définit l'identité sociale des individus par référence à un tertre fondateur et à l'itinéraire qui a conduit les ancêtres de ce lieu d'origine à l'habitat actuel* » [2].
III. La conception du temps	*Question 6 :* La représentation du temps est-elle la même ?	Quelle est la signification du mot « temps » dans la langue de la personne ? Sa représentation du temps est-elle linéaire ou cyclique ?	La représentation du temps est un élément important du décalage interculturel. Pour continuer à filer l'exemple de la Nouvelle-Calédonie, l'anecdote d'un

1 . Michel Sauquet, Martin Vielajus, *op. cit.,*, p. 55.
2 . Michel Sauquet, Martin Vielajus, *op. cit.,* p. 67.

		A-t-on une perspective de court terme ou de long terme ?	collègue Kanak qui me demandait d'attendre de mettre en place un projet car pour qu'il soit possible il devait en parler à l'ensemble des chefferies et à une période bien précise de l'année (au moment des mariages) est significative. Seulement après, me disait-il, « *on pourra passer à la vitesse des blancs* ». « *La distinction entre vision linéaire et vision cyclique (ou spirale, ou naturelle) du temps a un impact direct sur la vie sociale et professionnelle. Hesna Cailliau pense par exemple que la contrepartie de la vision linéaire tournée vers le progrès dans les cultures chrétiennes est la difficulté d'accepter les échecs et les crises : « On n'a qu'une vie », il ne faut surtout pas la rater, alors qu'en Asie on a l'éternité pour se réaliser. L'impatience, la hâte, le stress sont en Europe la conséquence inéluctable de sa vision du temps (...). L'idée d'un éternel recommencement permet d'accepter des hauts comme des bas plus facilement. Quant à la gestion très élastique du temps en*

			Inde (...) elle trouve probablement ses racines dans la philosophie hindoue, selon laquelle « un jour ne peut être pris indépendamment du long continuum qu'est la vie présente, et au-delà : la suite du cycle des réincarnations. Forcément, à cette échelle, une heure ou une journée ne peuvent être considérées que comme des grains de sable face à une montagne » [1].
		Pour reprendre le langage RBR (risque-besoin-réceptivité), si la conception du temps est incomprise, si l'on demande à un individu d'aller « à la vitesse des blancs » alors que ce n'est pas son schéma mental, il n'y a que peu de chance d'augmenter la réceptivité de l'échange et l'efficacité du travail mené. Le temps est-il polychrone ou monochrone ?	*« Le système polychrone, courant en Amérique latine ou dans le monde arabe, consiste certes à assumer que l'on mène simultanément des activités multiples, mais il suppose aussi une incertitude sur la séquence temporelle précise d'une action : « l'accent y est mis sur l'engagement des individus et l'accomplissement du contrat, plutôt que sur l'adhésion à un horaire préétabli. Les rendez-vous ne sont pas pris au sérieux, et par conséquent, ils sont souvent négligés ou annulés »* *« Le système monochrone, que l'on retrouve en Europe du*

1 . Michel Sauquet, Martin Vielajus, *op. cit.*, p. 82.

			Nord ou en Amérique du Nord, tend à attribuer un caractère sacré à l'organisation, à éviter autant que possible la dispersion des activités. Le caractère séquentiel du temps est au centre de l'organisation. « Dans ces cultures, la vie professionnelle, sociale et même sexuelle d'un individu est généralement dominée par un horaire ou un programme. En programmant, on compartimente : ceci permet de se concentrer sur une chose à la fois». Cette tendance pousse à l'établissement constant de priorités: « On traite d'abord les affaires importantes, en y consacrant la plus grande partie du temps disponible, et en dernier lieu seulement les affaires secondaires que l'on néglige ou abandonne si le temps manque. Hall note que l'idée d'imposer des structures temporelles ou arbitraires est intrinsèque à la manière occidentale de raisonner. Elle a probablement permis à la civilisation industrielle de s'imposer, mais elle est génératrice de

			tensions puisque, dit-il, « ces structures ne sont pas inhérentes aux rythmes biologiques des êtres humains, ou à leurs impulsions créatrices, elles ne font pas partie de sa nature ». Les individus polychrones sont toujours gênés par l'étanchéité qui existe entre le temps professionnel et le temps privé chez les monochrones » [1].
IV. La conception de l'espace	*Question 7 :* Quelles sont les représentations de l'espace de chacun ?	Quels espaces, « bulles », créons-nous entre nous et les autres ?	La question de la conception de l'espace peut rapidement recouper celle des conflits. L'espace, qu'il soit physique ou symbolique, est aussi le plus souvent une zone de pouvoir et donc de conflits lorsque deux zones / espaces ou conceptions se croisent. La distance aux autres est propre à chacun et influencée par la culture. Nous sommes plus ou moins tactiles en fonction des habitudes, nous nous serrons la main ou faisons la bise ou encore nous nous saluons à distance. Maîtriser ces éléments

1 . Michel Sauquet, Martin Vielajus, *op. cit.*, p. 84.

			peut-être un moyen de renforcer la qualité de la communication et donc sa réceptivité. C'est aussi un moyen d'éviter les confusions ou vexations involontaires. À titre d'exemple, en visite au Japon une connaissance choisit de visiter un musée et solliciter un guide pour cela. À un moment de la visite, il dépasse le guide pour observer une œuvre. Quelle erreur ! Le guide lui fera remarquer qu'il l'a insulté en faisant cela. Il a en réalité nié sa fonction et son rôle social, ce qui est un affront important.
V. La maladie et la mort	*Question 8 :* comment les gens conçoivent-ils la mort, la maladie ou le rapport au corps ?	En matière criminologique, et donc dans des situations de déviance, il peut être intéressant de comprendre le rapport qu'ont des personnes condamnées à la mort ou au corps notamment pour les faits de meurtres, viols ou violences sur autrui.	Il faut bien entendu préciser la difficulté de l'exercice dans le domaine de la criminologie puisque non seulement la proposition ici est d'essayer de se décentrer pour mieux travailler mais en plus, il convient de prendre en compte que nous travaillons avec des gens dont les pratiques sont déviantes par rapport à leurs normes sociales et leur culture. *« Nombre d'anthropologues et de sociologues ont*

			depuis longtemps mis en évidence le caractère social de la maladie (...). De fait, les différentes façons de percevoir la souffrance et la maladie, leurs causes et leurs symptômes, vont largement déterminer le type de soins et de traitement vers lesquels se tourner » [1].
		Quel est le modèle de soins de référence pour la personne ? Est-elle tournée vers la médecine traditionnelle ou vers la médecine occidentale ? Concernant les sujets qui nous occupent et en raison de l'importance de la problématique de la santé mentale, il est également intéressant de questionner la perception de la maladie mentale dans l'environnement de la personne. Par exemple, il est fréquent dans les tribus Kanaks qu'une personne malade soit vue comme étant ensorcelée. Cela a deux conséquences. La première est qu'elle est tolérée grâce à la place donnée dans le récit (du village, de la tribu ?) ce qui la positionne et lui permet d'y rester. La	

1 . Michel Sauquet, Martin Vielajus, *op. cit.*, p. 121.

		seconde est qu'elle empêche souvent un recours aux soins hospitaliers qui permettraient pourtant de la stabiliser.	
		La décision de soins est-elle assumée par la personne ou est-ce de la responsabilité d'un chef, d'un patriarche, de la communauté ?	
		Quelles sont les différentes conceptions religieuses et culturelles de la souffrance humaine ? La peine doit faire souffrir (pour les Occidentaux) ou bien réparer (Dogon).	*« Comment les religions peuvent-elles donner un sens à la souffrance ? Comment un Dieu de justice et d'amour aurait-il pu vouloir le mal qui, cependant, est bien là ? (...) Comment réagir à la souffrance ? L'assumer, l'accepter, parfois la rechercher (on pense aux cilices et aux flagellations de certains religieux catholiques du XVIIe siècle) ? Ou la combattre en soi et chez les autres ? (...). Pour l'islam, Dieu a enseigné aux hommes à pardonner et à espérer pour guérir la souffrance morale et à se soigner pour guérir la souffrance physique (...). Souffrir n'est pas considéré par l'islam comme une épreuve inéluctable de purification (...). Le bouddhisme a développé à l'égard de la souffrance, physique et morale, une pensée*

			particulière : tout est souffrance, car tout désir fait souffrir. Le désir égoïste de jouir et de posséder enferme l'homme dans la souffrance. L'homme n'atteint la sagesse, libératrice, qu'en parvenant à éteindre en lui tout désir, en renonçant progressivement à tout ce qu'il possède, jeunesse et richesse, en ne retenant plus rien pour lui » [1].
		Quel lien est-il fait entre la maladie et le statut social ? Pour certaines cultures la maladie est perçue comme une sanction à un acte commis. Il n'est pas impossible d'entendre ce type de croyance en Bretagne aujourd'hui par exemple. « *Les équipes locales de Médecins du Monde rapportent ainsi que des femmes ayant osé dénoncer les violences domestiques et sexuelles (punies par la loi) dont elles avaient été victimes, ont été accusées de « trahir la tradition », menacées de mort, et finalement victimes d'ostracisme dans le village* [2]. »	

1 . Michel Sauquet, Martin Vielajus, *op. cit.*, pp. 127 et 128.
2 . Michel Sauquet, Martin Vielajus, *op. cit.*, pp. 133 et 134.

		Quelles sont les attitudes culturelles à l'égard de la mort et des défunts ? En retour cela nous permet de prendre conscience du rapport médicalisé et aseptisé à la mort de notre société.	« *La plupart des Occidentaux ne disposent que d'un discours assez pauvre sur la mort, et la réalité d'une relation aux défunts semble effritée [...] Nous savons que les gens décédés ne reviendront jamais, qu'ils n'ont plus rien à nous dire et que nous ne pouvons plus leur demander affection, protection ou conseil. Notre deuil n'est plus enchanté* ». Cette conception n'est pas universelle. Au Mexique la fête des Morts est un moment important de l'année et la relation avec les défunts participe à l'organisation de la vie des vivants. Nous avons cité les Dogons et les Kanaks, pour qui il existe un continuum entre le monde des morts et celui des vivants. C'est aussi vrai en Indonésie, à Madagascar, à Mayotte.
VI. L'individuel et le collectif	*Question 9* : quel est le rapport au collectif de mon interlocuteur ?	Quels sont les rapports à la famille et à la communauté ? En criminologie nous regarderons si l'entourage est criminogène ou protecteur. Est-ce une famille qui valorise le passage en prison (ou l'entourage, le quartier, la bande, le gang ...) et les	À quel groupe de référence la personne s'identifie-t-elle ? Est-ce à sa famille où à la bande du quartier ou au gang ? Quelles sont les valeurs dominantes de ce groupe de référence : criminogène ou protecteur ?

		infractions ? Pour aller plus loin, il est même possible d'essayer de comprendre qui sont les personnes ressources. Dans certaines cultures le père n'a pas d'importance alors que l'oncle maternel est la référence absolue pour le jeune garçon.	
VII. L'étrange étranger			Ce passage de l'ouvrage de Michel Sauquet et Martin Vielajus vise à comprendre la place laissée par une culture à l'étranger (au Gadjo, au barbare…). Les questions portent sur le repérage de la place laissée au racisme dans la culture, l'importance de la liberté religieuse dans les sociétés, les politiques publiques en la matière (discrimination positive ou pas, par exemple).
VIII. Les barreaux de l'échelle		Quel statut social est valorisé dans la culture de la personne ? Médiateur (Dogon), Chef de tribu (la conception de chef pour les Kanaks et les Occidentaux est fort différente), chef d'entreprise, agriculteur ?	Cette dimension invite à interroger le statut social de l'intéressé, ses diplômes, son âge ou si son titre est dû à l'hérédité où à son travail.
IX. Le masculin et le féminin			Cette dimension est importante pour travailler des

			situations de violences conjugales ou sexuelles mais pas seulement. L'affaire Weinstein a été pour l'Occident l'occasion de débats sur la domination masculine. La libéralisation de la parole des femmes a montré la fréquence des gestes déplacés (ou pire). Quelle conception du rapport homme-femme avons-nous intégrée pour autoriser autant de remarques sexistes, de gestes déplacés, de délits et de crimes envers les femmes ? Des mères, des sœurs ont justifié des actes d'agression sexuelle au nom de la culture, de la tradition familiale, de la conception de l'homme et de ses besoins sexuels notamment.
	Question 10 : quelle est la conception du rapport homme / femme pour la personne ?	Quel est le degré d'égalité / inégalité entre hommes et femmes dans le pays ou la culture de la personne ? En quoi cette conception a-t-elle pu justifier un passage à l'acte ?	
		Quelle acceptation ou discrimination des orientations sexuelles ?	

		Y a-t-il un rôle social associé à l'homme et la femme ?	
		En quoi l'ensemble de ces représentations légitiment ou facilitent le passage à l'acte ?	
X. Le travail	*Question 11 :* quelle est la valeur du travail dans la culture de la personne ?	Nous avons déjà eu l'occasion de citer le décalage fort sur ce point entre les Néo-Calédoniens et les Kanaks. Si pour les Kanaks le travail est un sujet secondaire, c'est parce que le plus important est le maintien du lien social et donc la coutume. Alors pourquoi respecter mon contrat de travail alors que j'ai plus important à faire : la coutume ou marier ma fille par exemple. En termes criminologiques et parce que l'infraction est une réponse inadaptée à un besoin légitime, il est intéressant de chercher quel travail ou loisir est susceptible de répondre en tout ou partie au besoin visé par le crime.	*« En revenant à l'étymologie, on réalise à quel point le mot « travail» est connoté de manière très différente d'un pays à l'autre :* *- en allemand par exemple, Arbeit est lié à l'idée de «patrimoine», et renvoie historiquement, note Claire Michalon, à l'« acte glorieux qui fonde la qualité de chevalier ». Le travail est d'ailleurs perçu en Allemagne, toujours selon Michalon, comme « un acte positif, qui fait l'objet d'un consensus général, excluant le doute, tant dans la pratique que dans les finalités».* *- Vision positive également des Japonais à l'égard du travail, sa traduction (shitogo signifiant littéralement « processus d'accumulation de la connaissance » et « service ». Le travail est perçu comme un puissant outil*

			d'intégration sociale, au sein d'entreprises dont la traduction littérale (kaicha) est quant à elle « clan sociétal ». *- En roumain, la notion de travail se traduit par lucru, qui provient du latin lucrum lié à la notion de profit, et qui se rapporte avant tout à la notion de rémunération. Selon Claire Michalon, cette traduction est liée au fait que l'attention est moins portée sur le sens et les résultats du travail que sur le salaire : « Travailler, produire de la richesse a longtemps été synonyme de collaboration avec un pouvoir autoritaire, le plus souvent étranger [...]. En fin de compte, seul le poste qui donne accès à la rémunération est pris en considération, et non l'activité qu'il suppose ».* *- Notons enfin que significativement, certaines langues africaines (le swahili, le lingala) ne connaissent pas le verbe travailler, mais seulement l'expression « faire un travail »* [1]. Le mot « travail » en français vient du latin

1 . Michel Sauquet, Martin Vielajus, *op. cit.*, p. 240.

			Tripalium qui était un instrument de torture.
XI. Le désaccord et le conflit	*Question 12 :* Quelles sont les méthodes de résolution des conflits des cultures respectives ?	Nous avons déjà évoqué ce sujet notamment en parlant du Mali et des Dogons avec leur pratique développée de la médiation et la place primordiale faite à cette valeur dans la société. Exprime-t-on ouvertement un désaccord dans nos cultures respectives ?	
		Sommes-nous plutôt dans une culture de la confrontation ou du non-affrontement ? Quelles sont les différentes stratégies face aux conflits ?	« *Le modèle américain du « dual concern » (double préoccupation) a été ébauché en 1964 par R. R. Blake et J. S. Mouton. Il propose cinq styles de gestion des conflits, résultant de la part respective de deux tendances : se préoccuper des autres (à la fois de leurs intérêts et de leur regard) et se préoccuper de soi-même. Un individu concentré sur ses propres objectifs et ne prenant que peu en compte ce que veulent les autres est spontanément enclin à faire du forcing pour imposer ses propres solutions au détriment de celles des autres. Si en revanche il est concerné par les objectifs des autres (et*

			pas forcément par altruisme, cela peut-être stratégique), il est davantage enclin à un style de négociation collaboratif et consensuel. Les cinq modes de gestion des conflits décrits par les auteurs de ce modèle sont les suivants : *- la stratégie intégratrice (integrating), ou stratégie de résolution des problèmes, qui est mise en place lorsque les acteurs ont autant la préoccupation de leur intérêt que celle de l'intérêt des autres. La négociation passe alors par beaucoup d'échange d'information, par une prise en compte des différences culturelles et par la recherche de solutions satisfaisant les deux parties. On est dans une logique du « et » (tes intérêts et les miens) et non dans une logique du « ou » (tes intérêts ou les miens) ;* *- la stratégie dominatrice (dominating), qui est celle des acteurs davantage concernés par leurs intérêts que par ceux des autres. C'est la stratégie du forcing, où l'on est peu disposé à discuter, et où l'on souhaite la défaite de l'autre :*

			c'est clairement la logique du « ou », excluant que ce soient les intérêts de l'autre qui l'emportent ; - la stratégie « arrangeante », ou « complaisante » (accomodating ou obliging), qui est celle des acteurs moins préoccupés de leurs propres intérêts que de ceux des autres, et qui sont prêts à céder sur leurs propres désirs ; - la stratégie du compromis (compromising), proche de la stratégie intégratrice, où les acteurs acceptent d'abandonner une partie de leurs objectifs pour rejoindre ceux des autres. On cherche à répartir les ressources entre les deux parties, acceptant que les problèmes ne soient que partiellement résolus ; - enfin la stratégie de l'évitement (avoiding), qui trahit selon les auteurs du modèle une faible préoccupation pour ses intérêts et pour ceux de l'autre. On refuse tout simplement le conflit, ou on le contourne, estimant qu'il n'apporte rien » [1].

1 . Michel Sauquet, Martin Vielajus, *op. cit.*, pp. 272, 273.

			En fonction de notre culture (et bien sûr de notre personnalité), il est possible que nous ayons tel ou tel mode de résolution de conflit. En prendre conscience permet d'en apprendre d'autres ou de la faire apprendre lorsqu'on parle de criminologie.
		Quelle est l'importance de l'honneur (ne pas perdre la face) dans la résolution du conflit ?	
XII. L'argent	*Question 13 :* quelle place est faite à l'argent dans la société ?	Quelle place à la propriété privée ?	
		Quelle est la place des marques, des appartenances au groupe de pairs, des besoins matériels ?	Si les Wallisiens en Nouvelle-Calédonie sont démonstratifs sur ce point (bateaux, voitures imposantes notamment), les Kanaks ne le sont pas du tout.
XIII. Hiérarchies, règles et autorités	*Question 14 :* À qui acceptons-nous d'obéir ?	Est-ce que l'infraction commise est un refus de l'autorité, une non-reconnaissance de l'autorité (beaucoup de Kanaks ne reconnaissent pas l'autorité de l'État français du fait de l'histoire de la colonisation et de la double affiliation ou au contraire de la double insécurité identitaire (refus de	

		l'autorité coutumière et de celle de l'État français). Un autre exemple serait celui des gens du voyage pour qui les juges, les policiers notamment sont des gadjos.	
		Quel est le rapport au respect de la règle dans nos cultures respectives ?	
XV. La communication	*Question 15 :* Qui peut parler, quand et comment ?	Le but de la prise de parole est-il d'informer ou de créer du lien ?	Là encore, l'exemple Kanak est riche. L'exemple d'une collègue enseignante en lycée à Nouméa est riche d'enseignements. Elle ne comprenait pas pourquoi certains élèves restaient muets alors même que leurs écrits montraient des capacités dans la matière jusqu'à ce qu'elle apprenne qu'il y avait dans la classe un enfant de chef et qu'on ne parle pas devant une famille de chef quand on n'y est pas autorisé et qu'on n'a pas le statut requis.
		Est-ce une culture orale ou une culture écrite ?	
		Quelle est la place du non verbal (regard, mimiques, postures...)	

Ce tableau est donc en quelque sorte une proposition de méthode, une aide à la préparation des entretiens, dans le but de s'approcher de la culture de l'autre et de sa conception du monde. Elle facilite la mise en place d'un échange, verbal ou non, qui puisse être utilisé tant dans un contexte judiciaire que social.

Conclusion

La démarche de cet ouvrage est d'avoir proposé plusieurs manières de faire des allers et retours avec d'autres systèmes de pensées, de valeurs, d'autres cultures, pour mieux comprendre l'autre et, en bénéfice secondaire, notre propre culture. Il convient de ne pas oublier, pour autant, qu'une culture est mouvante et qu'elle évolue avec le temps.

Cette démarche est liée à une autre, criminologique, en faisant le pari que lier la criminologie ou la victimologie et l'interculturalité permet de mieux comprendre certaines situations et donc de mieux travailler dans le champ de la probation. Mais encore une fois, ce livre n'est qu'une ébauche de ce qui pourrait être fait et bien des passages devraient être développés et consolidés. Si cette démarche fait sens, peut-être peut-on imaginer qu'elle soit poursuivie dans un cadre académique pour faire de l'ethnoprobation une branche d'études à part entière, avec ses méthodes et ses développements théoriques qui permettent aux professionnels de bénéficier d'outils toujours plus efficients.

En tant que professionnel m'étant intéressé à ces sujets, j'aurais en effet aimé recevoir tout au long de ma formation :
- des éléments de connaissance sur le rapport entre culture et délinquance ;
- des outils pour aborder n'importe quelle culture de manière simple ;

- des outils pour analyser et reconstituer des parcours délinquants qui tiennent compte (s'il y a lieu !) de l'environnement culturel comme la fiche bioscopique ;
- des vignettes criminologiques et/ou des témoignages ;
- des éléments de victimologie.

Si ce besoin est confirmé et que ce sujet fait écho à d'autres professionnels et chercheurs, je ne peux qu'appeler à ce que des travaux et expérimentations de terrains soient réalisés sur ces questions. Je pense qu'elles sont de nature à faire avancer nos analyses, prises en charge et procédures à tout niveau de la chaîne pénale. Elles inviteront à élargir le cercle des intervenants sur ces sujets en associant la communauté (disons la société civile si le mot renvoie à des idées négatives ce qui n'est pas le cas sous ma plume) plus qu'elle ne l'est aujourd'hui.

Postface

par Loïck M. Villerbu
Professeur émérite de psycho-criminologie,
Universités de Rennes 2 et de Paris VII

Lorsque la Psycho-Criminologie, (avec un trait d'union), s'est définie comme un espace de travail épistémologique et éthique, méthodologique et déontologique, la criminologie cessait d'être un accessoire des disciplines constituées ; c'est à un autre objet complexe que l'enseignant-chercheur et le praticien se sont trouvés confrontés. Là où il était idéologiquement possible de penser en termes de compléments (sociologie et criminologie, psychologie et criminologie, sociologie criminelle, psychologie criminelle, etc.) il a fallu inventer une implémentation. D'une criminologie confisquée, mauvais objet et désordre disciplinaire universitaire, objet en trop, l'implémentation de la position subjective que représente l'espace psy-, permet de donner à penser un espace-temps anthropologique, celui du lien social et des processus psychiques, de ses objets multiples et de ses métiers spécifiques, dans les avatars dont chaque culture se dote. Rien n'est encore acquis ; on le sait, à peine formalisée, la construction criminologique universitaire autonome a fait, dans l'université française, l'objet d'un tel charivari dans les territoires constitués qu'un appel au calme s'est conclu par la disparition de l'objet des disputes (2012 [1]).

---

1. Cario R., Herzog Evans M., Villerbu L-M, *La criminologie. Mythes et réalités*, L'Harmattan, 2012.

Dans cette construction quatre espaces d'analyse, d'observation et de prescription se sont constitués, redéfinissant les étapes empiriques de la confrontation à l'ordre pénal et à l'institution judiciaire et aux espaces anthropologiques qui donnent sens aux quotidiens : la scène du crime (la construction de la preuve et du criminel, l'intelligence criminelle et son analyse), la patho-biographie en acte (par-delà les catégories psychiques les axiomatiques d'un auteur et d'une victime), la probation (au sens de rendre compte et des comptes des mesures concernant l'effectivité et l'efficacité de la peine) et le travail psychique de la sanction (éthique et subversion).

Le travail de G. Arandel prend sens dans ces reconstructions qui, ailleurs a pu se dire, en des temps plus anciens, maladroitement, en termes de « le sens de la peine », quand il agit, au plus près, des sens rapportés et rapportables, à la sanction pénale. La sanction dit l'écart à la norme, la peine en dit la gravité. Ce que l'auteur nous rappelle et ce sur quoi il interpelle son lecteur c'est d'abord sur la sanction qui n'a de sens que rapportée au lien social constituant les marques concrètes de l'existence de chacun. Sauf à considérer le criminel comme une fois pour toutes hors de toute humanité en considérant qu'il ne peut plus ni contribuer ni tirer profit de ses appartenances. Il nous propose de tirer parti d'une autre dimension bi-jonctive, criminologie et interculturalité, introduisant une dimension d'ethno-probation.

Ce n'est pas le lien social tel qu'étudié par la sociologique quantitative et positive, c'est celui des travaux de la seconde école de Chicago, les théories du labelling, des interactionnistes, de tous ces travaux qui se déclinent en ethno-. Toutes ces approches, en marge du quantitatif et du positivisme qui ont développé une microsociologie analysant les interactions sociales dans leur cadre naturel d'occurrence, et qui ont porté une plus grande attention à la construction rationnelle, par les acteurs sociaux, de leurs échanges sociaux » (1992 [1], 1994 [2]). Dans cet ouvrage, l'ethno- se décline pour le praticien, en tant que méthodologie investigatrice et prescriptive.

Le grand écart que se permet G. Arandel tient dans cette audace à penser les pratiques de probation et d'accompagnement, dans le souci d'être au plus près des personnes et des systèmes : comment dans cette systémie, penser et agir le changement, comment le rendre possible ? Une œuvre pédagogique s'esquisse, un changement de pratique de métiers se profile. Méthodologie et dispositifs d'ingénierie clinique se profilent. C'est à convoquer différents contextes disciplinaires que s'évertue l'auteur, géographie (humaine), statistique (actuarialité), sociologie (effets des groupes et actes délinquants), psycho-sociale (effets des petits groupes dans le passage à l'acte), psychologie (processus de mise en œuvre), philosophie (accompagner le mouvement de création), le droit (traiter de la récidive dans un cadre compatible aux valeurs). Il dessine un autre fond de monde.

C'est dans ces moments de propositions que le travail engagé en rencontre un autre, dans d'autres champs et espaces de qualification ou d'interventions. Ce qui se développe ici est une forme de rejeu ou de ré-émergences, de ce qui s'est inventé dans les champs pédagogiques et psychiatriques, la pédagogie institutionnelle, la psychiatrie institutionnelle, la thérapie institutionnelle, etc. Et avec ces inventions, les changements de postures des acteurs pédagogues, éducateurs, psychologues, médecins, infirmiers… Ici des acteurs CPIP, travailleurs sociaux, psychologues et surveillants pénitentiaires engagés tout autant dans un système hiérarchique complexe et pluri objectal, que dans une économie politique des flux. L'analyse d'une probable efficacité ne peut aller de pair qu'avec celle de l'effectivité, ce

---

1. A. Coulon, 1992, *L'école de Chicago,* PUF.
2. De Queiroz J-M, Marek Ziolkowski, 1994, *L'interactionnisme symbolique*, PU Rennes.

qui implique des dispositifs engageant formations, validations et supervisions.

C'est dans ces contextes que l'attention portée à l'histoire en tant que patrimoine immatériel (ethno-somato-psychique), et lieu des constructions psychiques singulières prend toute sa complexité et son usage, que ce soit pour l'acteur de l'institution que pour celui qui en est le passager... énoncé en termes de délinquants, criminels, PPSMJ.

Comment tenir compte, faire-avec la PPSMJ sans faire avec son histoire et l'insertion dont il témoigne ? Le sujet juridique n'est qu'une face parmi de nombreuses autres. De la même manière qu'en pédagogie institutionnelle le sujet apprenant est pris avec son histoire, ses ressources et ses failles, au regard de ses vulnérabilités, le sujet PPSMJ ne se trouve qu'en tirant parti de ce qui (lui) est disponible, ce qu'il sait de lui-même, et ce qu'il peut découvrir d'un autre lui-même. Cela ne sera rendu possible que par « effet de cadre », par la somme des incitations critiques et projectives qui feront la probation d'un côté et le travail engagé dans ce que la sanction signifie du point de vue ontique et éthique, de l'autre. Là où le travail avec « la victime » devient une condition fondamentale d'un retour, d'une redécouverte de l'autre comme un moi-même.

Le contexte est fondamental, inaliénable et inouï. Contexte comme corps de nos postures, chemins déjà là, traces empruntables et empruntées, dans de telles évidences que inapparentes, exigeant une étude active des situations pour en suggérer et guider une subversion. Contextes comme stratégies et stratagèmes, toujours en anticipations, attentes, etc. Dit encore autrement, rien ne se fait sans expérience, c'est-à-dire ratés, échecs et fiabilité des environnements cadres.

Dire et faire, penser et proposer, susciter et tenir un cap ne vont pas sans dispositif et ceux-ci ont au moins deux dimensions, non réductrices l'une à l'autre, prendre connaissance et poser des prescriptions. Formaliser les biais de connaissance et leurs déviances possibles en imaginant des protocoles donnant lieu à supervision, il s'agit là de toute l'ingénierie actuarielle ; pouvoir se laisser surprendre et en contrôler les possibilités aux fins de dessiner encore autrement les possibles c'est la référence à ce que dans un autre passé l'on désignait sous le terme de clinique projective. Dans ce contexte d'esquisse, une approche raisonnée de l'actuarialité, une autre rationalité critique de la prédictivité. L'auteur en propose une conception et un usage dans le cadre de l'ethno-probation.

ANNEXE

L'original du texte du chef de clan Kanak

44 LA JUSTICE RESTAURATIVE

La justice restaurative en Nouvelle Calédonie sera certainement l'un des moyens les plus appropriés pour le milieu mélanésien en raison de ses pratiques traditionnelles et coutumières et la particularité de ces pratiques en raison de la multiplication de ses régions tant sur la Grande Terre qu'aux Iles Loyauté.

Il s'agit donc pour les Autorités Coutumières de bien réfléchir, de bien analyser chaque cas afin d'adapter la réponse à proposer aux différents acteurs en conflits.

Je suis tout à fait serein d'affirmer que le milieu mélanésien fera de la JUSTICE RESTAURATIVE un outil et un partenaire précieux pour solutionner la grande majorité des problèmes sociaux en milieu tribal.

Le Territoire doit la prendre en compte comme une Aide précieuse à son développement social qui a beaucoup de difficultés à avancer sereinement vers son avenir prometteur.

Nous disposons déjà dans ce milieu particulier un dispositif appelé " le Palabre " : Discussion longue qui accompagne les négociations avec les chefs et où l'on privilégie la repentance, le pardon, l'obéissance avec lesquels le conseiller chargé de la négociation entre les 2 partis s'imprégne constamment. Repentance et Pardon ont disparus dans la vie de tous les jours de notre société.

Il y a dans la Société Civile des associations dites chrétiennes où se trouvent des personnalités tout à fait aptes à apporter leur concours et leur sagesse aux différentes parties en conflits afin que les personnes ayant subi la condamnation et après avoir purgé leur peine puissent retourner et revenir au sein de la société avec la conscience tranquille et sereine.

Il y avait dans le passé dans le District de Lössi depuis les années 20 une panoplie de sanctions et de punitions mise en place par les Autorités Coutumières de l'époque à partir des textes, disait-on, de la " Loi Mac-Farlane, Missionnaire de la Société des Missions de Londres, ayant séjourné à Lifou du 28 octobre 1859 au 31 mai 1871. Il avait fait adopter le principe, en usage dans les missions des mers du Sud : une profession de foi au Christ et une conduite fidèle au Décalogue sont les conditions suffisantes d'admission au baptême. On doit aussi mettre au point une discipline ecclésiastique et regarder à la qualité morale et religieuse des candidats et favoriser l'éclosion des personnalités.

Les Autorités Coutumières et Religieuses de l'époque avaient saisi cette opportunité pour élaborer un texte destiné à la Grande Chefferie de LOSSI comme une Loi Coutumière afin de garantir sa promulgation.

2

Exemple de délits punis par l'Autorité Coutumière

Vol : homme ou femme : jugé en public

Sanction ou punition ; plusieurs coups de bâton ou nerf de boeuf en public dansl' enceinte de la Grande Chefferie du District de Lössi. Le prévenu est amené par la police coutumière duDistrict. Chaque tribu du District possède 3 policiers établis au sein de la tribu pour veiller à la bonne marche de la population et aux respects des règles établies par l'Autorité Coutumière.

Adultère : homme ou femme jugé en public

Sanction ou punition idem que le vol

mais pour les hommes, ils sont soumis aux travaux forcés. qui peuvent s'étaler plusieurs semaines à 1 ou 2 mois. Plantation de cocoteraies le long de la route principale ou vers les plantations.

Aménagement et entretiens des routes carrossables qui peuvent durer plusieurs semaines ou plusieurs mois. Certaines personnes sont condamné à ne pas se rendre à Chépénéhé, seul port de l'époque pour qu'elles ne s'échappent pas vers Nouméa ou la Grande Terre.

Certains couples sont condamnés plusieurs mois à entretenir les cotonneries de la Grande Chefferie situées sur les hauts plateaux du District afin de les isolés loin des tribus et de la population environnante.

Meurtres : hommes ou femme Attaché et exposé en public sur la Place du Marché Enfumé et attaché à un poteau plusieurs jours sur la place publique avant d'être livré aux Autorités Publiques.

rappelons ici que certaines personnes condamnées par les Autorités Coutumières ainsi que les couples ayant purgé leur peine dans les plantations de cotons ont presque tous été réhabilités et beaucoup ont obtenus leurs engagements auprès des Services publiques dans la capitale à Nouméa pour plusieurs années, contrats co-signés par l'Autorité Civile de l'époque et le Grand Chef du District de Lössi.

Fait à DUMBEA

LE 02 FEVRIER 2017

PIRRE PEKAJO WAHMU

Bibliographie

Criminologie et victimologie

ANDREWS D.A., BONTA J. ; trad. HERZOG-EVANS M. ; LE BOSSE C., *Le comportement délinquant : analyse et modalités d'intervention*, 5e éd., Agen : Les Presses de l'Enap, 2015, 750 p. (Coll. Savoirs et pratiques criminologiques).

BESSOLES Philippe, *Sciences criminelles cliniques*, Paris, MJW Edition, 2009, 139 p. (Coll. Savoir en psychologie).

CARIO Robert, *Introduction aux sciences criminelles : pour une approche globale et intégrée du phénomène criminel*, 6e éd., Paris : L' Harmattan, 2008, Coll. Sciences criminelles.

CARIO Robert, *Victimologie*, Paris : L' Harmattan, 2001-2012, 2 vol., Coll. Sciences criminelles.

CARIO Robert (dir.), MBANZOULOU Paul (dir.), *La Justice restaurative : une utopie qui marche ?*, Paris : L'Harmattan, 2010, 102 p. (Coll. Sciences criminelles).

COUTANCEAU Roland, SMITH Joanna, LEMITRE Samuel (sous la dir.), *Trauma et résilience : Victimes et auteurs*, Paris : Dunod, 2012.

CYRULNIK Boris, JORLAND Gérard, *Résilience : connaissances de base*, Paris : Odile Jacob, 2012.

CUSSON Maurice, *La Criminologie*, 6e éd., Paris : Hachette, 2014 (Coll. Les fondamentaux).

GASSIN Raymond, *Criminologie*, Paris : Dalloz, 2011.

HARRATI Sonia, VAVASSORI David, VILLERBU Loïck, *Délinquance et violence : clinique, psychopathologie et psychocriminologie*, Paris : A. Colin, 2009.

HERZOG-EVANS Martine (dir.), *Transnational criminology manual*, 3 volumes, Oisterwijk (Pays-Bas), Wolf Legal Publishers, 2010.

JACCOUB Mylène, *Justice réparatrice et médiation pénale : convergences ou divergences ?*, L'Harmattan, 2003.

LOLLIVIER Stefan, SOULLEZ Christophe, *Rapport de l'observatoire national de la délinquance et des réponses pénales 2014*, Saint-Denis : Institut national des hautes études de la sécurité et de la justice, 2015.

LOPEZ Gérard (Dir.), TZITZIS Stamatios (Dir.), *Dictionnaire des sciences criminelles*, Paris : Dalloz, 2007.

MBANZOULOU Paul, (Sous la direction de), *L'efficacité du suivi des personnes placées sous main de justice, nouvelles problématiques et nouvelles pratiques*, les presses de l'ENAP, collection savoirs et pratiques criminologiques, 2016.

ROBERT Philippe, *La Sociologie du crime*, Paris, La Découverte, 2005.

ROGNON Frédéric, DEYMIE Brice, *Punir, restaurer, guérir : regards croisés sur la justice restaurative*, Paris, L'Harmattan, 2014.

SENON Jean-Louis, LOPEZ Gérard, CARIO Robert et Al, *Psychocriminologie : clinique, prise en charge, expertise*, 2e édition, Paris : Dunod, 2012.

TOURNIER Pierre-Victor, *Une certaine idée de la criminologie : approche interdisciplinaire du processus pénal*, Paris, l'Harmattan, 2013.

VILLERBU Loïc M., *Dangerosité et vulnérabilité en psychocriminologie*, Paris, l'Harmattan, 2003.

ZEHR Howard, *La justice restaurative. Pour sortir des impasses de la logique punitive*, Genève : Labor et Fides, 2012.

Anthropologie et interculturalité

DEMMER Christine et TREPIED Benoît (Sous la direction de), L*a coutume Kanak de l'État*, Ed. L'Harmattan, Cahiers du pacifique sud contemporain, 2017.

DE VALOMBREUSE Pierre, *Peuples,* préface d'Edgard Morin, Flammarion, 2006.

DUMONT Louis, *Essais sur l'individualisme*, Point, collection Essais, 1991.

JACCOUD, Mylène, *Justice blanche au Nunavik*, Montréal, Éditions du Méridien, 1995.

LAFARGUE Régis, *La Coutume face à son destin - Réflexions sur la coutume judiciaire en Nouvelle-Calédonie et la résilience des ordres juridiques infra-étatiques*, Paris, LGDJ, Coll. Droit et Société, 2010.

MONTELEONE Marcello, *Les Dogon : procès pénal traditionnel et justice réparatrice*, l'Harmattan, Paris, 2009.

MONTELEONE Marcello, *Le culte de la Terre au pays Dogon (Mali), entre coutumes foncières et décentralisation*, l'Harmattan, Paris, 2013.

NATHAN Tobie, *L'influence qui guérit*, Odile Jacob, 1994.

PESSINA DASSONVILLE Stéphane (Sous la direction de), *Le statut des peuples autochtones, A la croisée des savoirs*, Cahiers d'Anthropologie du droit 2011 – 2012, laboratoire d'anthropologie juridique de Paris, ed. Karthala.

ROULAND Norbert, *L'acculturation judiciaire chez les Inuit du Canada (1re partie),* Recherches amérindiennes au Québec, 1983.

ROULAND Norbert, *L'acculturation judiciaire chez les Inuit du Canada (2e partie),* Recherches amérindiennes au Québec, 1983.

ROULAND Norbert, *L'anthropologie juridique*, PUF, 1988.

ROULAND Norbert, *Aux confins du droit*, 1991, Odile Jacob.

SAURA Bruno, *Des Polynésiens, des Français*, Ed. Au vent des îles, collection culture Océanie, 2005.

Philosophie

CAMUS Albert, *L'Homme révolté*, Gallimard, 1951.

CAMUS, *Le mythe de Sisyphe*, Gallimard, 1942.

FERRY Luc, *Apprendre à vivre*, Plon, Edition J'ai lu, 2006.

KOYRE Alexandre, *Du monde clos à l'univers infini,* Gallimard, 1998.

RAWLS John, *Théorie de la justice*, Seuil, 1987.

REVEL Jean-François et RICARD Matthieu, *le Moine et le philosophe*, Nil édition, 1997.

Psychologie comportementale

KAHNEMAN Daniel, *Système 1, Système 2, les deux vitesses de la pensée*, Flammarion, 2011.

Documentaire

DENIAU Gilles, *Tjibaou, Le Pardon*, 2006, 52mn.

Revue

Revue *Criminologie*, Volumes 42 et 51,

http://www.cicc.umontreal.ca/fr/publications/revue-criminologie-numero-courant/50-ans-de-criminologie

Sites internet

Site de l'institut français de la justice restaurative

http://www.justicerestaurative.org/

Site de la conférence de consensus et notamment les recommandations

http://conference-consensus.justice.gouv.fr/wp-content/uploads/2012/10/CCR_DOC-web-impression.pdf

Service correctionnel du Canada

https://www.securitepublique.gc.ca/cnt/rsrcs/pblctns/xmnng-brgnl-crrctns/index-fr.aspx

https://www.securitepublique.gc.ca/cnt/rsrcs/pblctns/xmnng-brgnl-crrctns/index-fr.aspx

http://www.csc-scc.gc.ca/autochtones/11-fra.shtml

Criminocorpus :

https://criminocorpus.org/fr

Dictionnaire de criminologie en ligne (université de Laval, Québec)

http://www.criminologie.com

Média

https://ici.radio-canada.ca/nouvelle/1107312/prison-penitencier-prairies-delinquants-recidive-cour-supreme-service-correctionnel

Site internet sur l'interculturalité et Hoftede

https://www.hofstede-insights.com/product/compare-countries/

Etudes criminologiques sur la question autochtone au Canada

https://www.erudit.org/fr/revues/crimino/2009-v42-n2-crimino3560/038599ar

https://www.erudit.org/fr/revues/crimino/2009-v42-n2-crimino3560/038600ar/

https://www.erudit.org/fr/revues/crimino/2009-v42-n2-crimino3560/038603ar/

Table des matières

ETHNOLOGIE
AUX ÉDITIONS L'HARMATTAN

Dernières parutions

PSYCHÉ L'HISTOIRE DE LA SENSIBILITÉ
(Extraits)
Hubert Fichte
tTaduit de l'allemand par Maguèye Kasse, Ibrahima Diagne, Mamadou Diop
Psyché est une invitation au voyage. Un voyage, des voyages, d'un étranger, un homme curieux en soif de connaissances, dans plusieurs pays africains dans les années 1970 et 1980. L'ethnologue et écrivain allemand Hubert Fichte se rend à plusieurs reprises au Sénégal, Tanzanie, Kenya, Togo et au Dahomey (l'actuel Bénin) et s'interroge sur les changements culturels et politiques de ces sociétés au lendemain des indépendances. Il recherche, fouille et étudie en profondeur les différentes approches du traitement des maladies mentales, entre la psychiatrie occidentale et les méthodes de guérison traditionnelle.
(Coll. Harmattan Sénégal, 386 p., 38 euros)
ISBN : 978-2-343-16537-0, EAN EBOOK : 9782140114724

QUEL AVENIR POUR LES PYGMÉES À L'ORÉE DU XXIÈ SIÈCLE ?
Qui sont-ils, que subissent-ils, comment font-ils face ?
Patrick Kulesza, Marine Robillard
Préface de Serge Bahuchet
Sans aucune concession au sérieux scientifique, ce travail est un ouvrage de diffusion et un véritable manifeste politique. Et notre souhait est que, en effet, les décideurs politiques le lisent. Il est impératif que soient reconnues la diversité culturelle des "Pygmées", la complexité de leur histoire et des situations qu'ils affrontent, pour qu'enfin ils aient droit à la parole, à la dignité et au libre choix de leur futur. c'est tout le but de cet ouvrage. (extrait de la préface de Serge Bahuchet)
(Coll. Questions autochtones, 482 p., 38 euros)
ISBN : 978-2-343-16559-2, EAN EBOOK : 9782140110207

LES BETI/BAKI AU COEUR DU CAMEROUN
Histoire récente des Betsenga (Evondo) et autres "Sanaga"
Christian Mbarga Owono
Cette étude sur le passé des Beti, leurs généalogies et leur système de valeurs présente un microcosme de la société beti dans son ensemble ; elle sera donc une ressource très utile pour qui veut connaître leur histoire, leur mode de vie, leurs rites et leur rôle éminemment important dans le Cameroun moderne.
(Coll. Littératures et cultures afro-américaines, 504 p., 42 euros)
ISBN : 978-2-343-16295-9, EAN EBOOK : 9782140109492

LA SOCIÉTÉ BETI À TRAVERS LA CULTURE ET LES GÉNÉALOGIES BETSENGA/EVONDO

Christian Mbarga Owono

Cet ouvrage examine le monde des Evondo, clan majeur batsenga, Beti authentiques, à travers ses croyances, ses traditions et ses rites dont la plupart ne sont plus pratiqués de nos jours. Il contient également un lexique quadrilingue : français-tiki (batsenga-ati)-kóló (ewondo)-anglais, agrémenté d'un petit guide de conversation. Une étude telle que celle-ci ne serait pas complète sans une liste de patronymes beti et leurs significations d'un côté, et des informations généalogiques de familles batsenga couvrant une vingtaine de générations, de l'autre.

(Coll. Littératures et cultures afro-américaines, 244 p., 25,5 euros)

ISBN : 978-2-343-16424-3, EAN EBOOK : 9782140109836

ETHIQUE DU KÉBÉ-KÉBÉ ET PROMOTION DU LEADERSHIP CHEZ LES MBOSI DU CONGO

Le réveil d'Odi

Deuxième édition

Emmanuel Okamba

Ce livre analyse le lien entre l'éthique et le leadership, à travers le mythe du Mouvement ou de l'Immortalité des sociétés traditionnelles. Il présente le cas du Kébé-kébé, société traditionnelle de la tribu Mbosi du Congo, dont les valeurs éthiques ont des implications pratiques sur la formation du dirigeant et l'exercice du leadership au service de l'amélioration continue de la performance de la cité et des organisations modernes.

(Coll. Pensée Africaine, 300 p., 33 euros)

ISBN : 978-2-343-12346-2, EAN EBOOK : 9782140108518

LES RAPPORTS ENTRE CASTES DANS L'HIMALAYA INDIEN

Alice Van den Bogaert

Fruit d'un travail de terrain de longue durée, cette ethnographie explore les rapports entre castes à partir des discours sur le corps et ses fluides dans une vallée d'Himachal Pradesh (Himalaya indien). C'est surtout l'impureté symbolique des femmes et des basses castes qui traverse toute l'analyse, montrant ainsi comment les corps sont symboles et instruments de discrimination, mais également de résistance, de négociation et de transformation sociale.

(Coll. Populations et trajectoires, 386 p., 38 euros)

ISBN : 978-2-343-15380-3, EAN EBOOK : 9782140105180

LES PEUPLES BETI DU CAMEROUN

Origines, ethnies et traditions

Vincent de Paul Ndougsa

Préface de Jacques Deboheur Koukam

Cet ouvrage construit une réflexion sur le sens profond de la tradition beti au Cameroun. Pour restaurer cette tradition qui a perdu son rayonnement au contact d'autres civilisations, Vincent de Paul Ndougsa part de la généalogie beti, retrace le parcours de ce peuple et décrit les pratiques sociales et religieuses de la tradition beti : la dot, le mariage, les funérailles, la succession et les cérémonies rituelles. L'auteur témoigne de son souci de sortir cette culture de l'ornière et de restaurer l'autorité de l'homme beti.

(Coll. Harmattan Cameroun, 450 p., 39 euros)

ISBN : 978-2-343-16196-9, EAN EBOOK : 9782140106255

TRAVAILLER DANS L'HÔTELLERIE DE LUXE
Une enquête ethnographique à Paris
Gabriele Pinna
Issu d'une enquête ethnographique de longue durée, réalisée en travaillant incognito dans plusieurs hôtels de luxe parisiens, cet ouvrage éclaire les conditions de travail et d'emploi des salariés de l'hôtellerie de luxe. Ce secteur en pleine expansion s'adresse de plus en plus aux clients occasionnels des classes moyennes et aux nouveaux riches en provenance des pays émergents.
(Coll. Logiques sociales, 270 p., 28 euros)
ISBN : 978-2-343-15239-4, EAN EBOOK : 9782140100888

LES VIOLENCES ENVERS LES FEMMES INDIENNES
Divinisation, diabolisation
Brigitte Tison
La Constitution indienne de 1952 donne les mêmes droits aux femmes et aux hommes. Si le corps féminin est l'objet d'une véritable vénération à travers la sculpture, la danse, le vêtement, il peut aussi être méprisé... Selon son appartenance à une caste élevée ou non, le sort des femmes indiennes n'est pas le même. Certaines femmes vont subir des violences psychologiques, physiques et des viols. Les associations féministes font tout pour changer en profondeur les mentalités d'une société patriarcale.
(Coll. Populations et trajectoires, 150 p., 16,5 euros)
ISBN : 978-2-343-15437-4, EAN EBOOK : 9782140099106

ET SI LE KIEBE-KIEBE VOUS ÉTAIT CONTÉ ?
Tradition initiatique du Congo-Brazzaville
Daniel Isaac Itoua
Préface de Camille Bongou - Postface d'Emmanuel Okamba
Le Kiebe-Kiebe, société traditionnelle et initiatique des populations septentrionales du Congo, perd progressivement la richesse de son enseignement pour devenir une simple association folklorique. Ce livre est le fruit des observations et des entretiens de l'auteur avec les grands initiés de cette société. Il jette la lumière sur ce monde fermé au coeur de la République du Congo, en relevant les similitudes entre sa doctrine, sa pratique et les symboles pharaoniques de l'Égypte antique, avant de lancer un appel sur fond d'inquiétude à propos de l'avenir du Kiebe-Kiebe en particulier et de celui de la culture congolaise en général.
(186 p., 20 euros)
ISBN : 978-2-343-13882-4, EAN EBOOK : 9782140099885

CÓDICE DE CUAUHTITLAN
Queja de trece indígenas por maltrato 1568
Birgitta Leander
Collection de codex réunis et analysés par
Cet ouvrage fait partie de l'ensemble que constitue la nouvelle édition des quatre codex de type aztèques analysés par Brigitte Leander. Il s'agit d'un document juridique qui présente la plainte de treize autochtones de Cuauhtitlan concernant l'injustice et les mauvais traitements qu'ils ont subis de la part d'un Espagnol de haut rang, de la famille même de Cortés. (ouvrage rédigé en espagnol)
(Coll. Recherches Amériques latines, 95 p., 15 euros)
ISBN : 978-2-343-13861-9, EAN EBOOK : 9782140095856

RENDS-MOI MON ÂME

Sorcellerie, coutumes, et lois modernes

Maimouna Thiombiano

Les faits relatés dans cet ouvrage sont de vraies aventures vécues par l'auteur dans l'exercice de ses fonctions de préfet chef de circonscription administrative. L'exclusion sociale pour cause de sorcellerie, crée des victimes chaque jour. Elle constitue avec les mariages forcés des plaies incurables qu'il est salutaire d'enrayer à tout prix. Le politique comme le citoyen est interpellé.

(Coll. Harmattan Burkina Faso, 70 p., 11,5 euros)

ISBN : 978-2-343-15480-0, EAN EBOOK : 9782140096716

APPELLATIONS DE PAGNES AFRICAINS

Construction et sémantique

Dieudonné Mukundila Kembo

Préface de François Palama Bongo Nzinga

Les appellations de pagnes comptent parmi les éléments constitutifs du complexe sémiotique et sémantique africain où l'on trouve l'exposé des croyances, des mythes, des institutions, des structures, des faits, des descriptions de la vie en société. Cet essai d'anthropologie linguistique et cognitive montre que les noms attribués aux pagnes par les femmes africaines sont une énonciation interprétative des motifs illustratifs rationalisés en symboles des choses, des êtres, des phénomènes et des faits, à partir du schème culturel négro-africain, du point de vue féminin, dans le contexte d'une société à tradition orale.

(Coll. Études africaines, 166 p., 18 euros)

ISBN : 978-2-343-14597-6, EAN EBOOK : 9782140095788

PUEBLOS INDÍGENAS DE HOY

Aprender del pasado para entender el presente

Birgitta Leander

Collection de codex réunis et analysés par

Les sept contributions qui composent ce premier volume rendent compte de la situation actuelle des autochtones au Mexique et plus généralement dans toute l'Amérique. En réunissant ces textes, l'auteur signifie clairement son engagement pour qu'une place centrale soit donnée aux valeurs culturelles et humaines dans les politiques du développement du continent. (ouvrage rédigé en espagnol)

(Coll. Recherches Amériques latines, 196 p., 25 euros)

ISBN : 978-2-343-13857-2, EAN EBOOK : 9782140095832

CÓDICE DE OTLAZPAN

Nómina de tributos por abusos 1549-1550

Birgitta Leander

Collection de codex réunis et analysés par

Ce codex est à l'origine un document pictographique constitué de la liste des tributs que doit supporter le village d'Otlazpan. Il est accompagné de deux types de textes écrits en espagnol, l'un provenant probablement d'un scribe autochtone, l'autre d'un fonctionnaire espagnol. Il s'agit d'un témoignage éclairant de la société née de la Conquête et de la misère dont les impôts locaux des autochtones furent progressivement captés par les Espagnols. (ouvrage rédigé en espagnol)

(Coll. Recherches Amériques latines, 352 p., 35 euros)

ISBN : 978-2-343-13858-9, EAN EBOOK : 9782140095849

Structures éditoriales du groupe L'Harmattan

L'Harmattan Italie
Via degli Artisti, 15
10124 Torino
harmattan.italia@gmail.com

L'Harmattan Hongrie
Kossuth l. u. 14-16.
1053 Budapest
harmattan@harmattan.hu

L'Harmattan Sénégal
10 VDN en face Mermoz
BP 45034 Dakar-Fann
senharmattan@gmail.com

L'Harmattan Cameroun
TSINGA/FECAFOOT
BP 11486 Yaoundé
inkoukam@gmail.com

L'Harmattan Burkina Faso
Achille Somé – tengnule@hotmail.fr

L'Harmattan Guinée
Almamya, rue KA 028 OKB Agency
BP 3470 Conakry
harmattanguinee@yahoo.fr

L'Harmattan RDC
185, avenue Nyangwe
Commune de Lingwala – Kinshasa
matangilamusadila@yahoo.fr

L'Harmattan Congo
67, boulevard Denis-Sassou-N'Guesso
BP 2874 Brazzaville
harmattan.congo@yahoo.fr

L'Harmattan Mali
Sirakoro-Meguetana V31
Bamako
syllaka@yahoo.fr

L'Harmattan Togo
Djidjole – Lomé
Maison Amela
face EPP BATOME
ddamela@aol.com

L'Harmattan Côte d'Ivoire
Résidence Karl – Cité des Arts
Abidjan-Cocody
03 BP 1588 Abidjan
espace_harmattan.ci@hotmail.fr

L'Harmattan Algérie
22, rue Moulay-Mohamed
31000 Oran
info2@harmattan-algerie.com

L'Harmattan Maroc
5, rue Ferrane-Kouicha, Talaâ-Elkbira
Chrableyine, Fès-Médine
30000 Fès
harmattan.maroc@gmail.com

Nos librairies en France

Librairie internationale
16, rue des Écoles – 75005 Paris
librairie.internationale@harmattan.fr
01 40 46 79 11
www.librairieharmattan.com

Librairie l'Espace Harmattan
21 bis, rue des Écoles – 75005 Paris
librairie.espace@harmattan.fr
01 43 29 49 42

Lib. sciences humaines & histoire
21, rue des Écoles – 75005 Paris
librairie.sh@harmattan.fr
01 46 34 13 71
www.librairieharmattansh.com

Lib. Méditerranée & Moyen-Orient
7, rue des Carmes – 75005 Paris
librairie.mediterranee@harmattan.fr
01 43 29 71 15

Librairie Le Lucernaire
53, rue Notre-Dame-des-Champs – 75006 Paris
librairie@lucernaire.fr
01 42 22 67 13

www.ingramcontent.com/pod-product-compliance
Lightning Source LLC
LaVergne TN
LVHW051355061026
849535LV00009B/3203